马宁父母课堂 1

只需倾听，别插手！

戒掉爱中的伤害

马宁 著

扫码获取 10 节
免费音频课

SPM 南方出版传媒 广东经济出版社
· 广州 ·

图书在版编目（CIP）数据

戒掉爱中的伤害：只需倾听，别插手！ / 马宁著．—广州：广东经济出版社，2021.7
（马宁父母课堂）
ISBN 978-7-5454-7497-8

Ⅰ.①戒… Ⅱ.①马… Ⅲ.①家庭教育—通俗读物 Ⅳ.①G78-49

中国版本图书馆CIP数据核字（2020）第253046号

策　　划：李　鹏
责任编辑：陈　潇　王春蕊　刘　燕　李沁怡　李泽琳
责任技编：陆俊帆
封面设计：朱晓艳

戒掉爱中的伤害：只需倾听，别插手！
JIEDIAO AI ZHONG DE SHANGHAI：ZHIXU QINGTING，BIE CHASHOU！

出版人	李　鹏
出　版 发　行	广东经济出版社（广州市环市东路水荫路11号11—12楼）
经　销	全国新华书店
印　刷	广东海洋印刷有限公司 （佛山市南海区里水镇和桂工业园A区和安南路1号F栋1-2楼）
开　本	787毫米×1092毫米　1/32
印　张	7.25
字　数	168千字
版　次	2021年7月第1版
印　次	2021年7月第1次
书　号	ISBN 978-7-5454-7497-8
定　价	39.80元

图书营销中心地址：广州市环市东路水荫路11号11楼
电话：（020）87393830　邮政编码：510075
如发现印装质量问题，影响阅读，请与本社联系
广东经济出版社常年法律顾问：胡志海律师

序一
Preface ①

因为爱，所以学会爱

全球华人圈知名身心灵作家
张德芬

《戒掉爱中的伤害：只需倾听，别插手！》是为人父母必读的一本指南。

为什么在亲子关系中，光有爱还是不够？有多少亲子关系（还有亲密关系）都是因为缺乏沟通的技巧而受到了损害？本书提供了一些实用有效的方法，可以立刻活用。最后，作者提出了戒掉爱中伤害的两大法则：引导和保护。这真是说出了天下所有孩子的心声。

我们都是由孩子长大成人的，引导和保护这个需求到今日仍然历久不衰。如果我们小时候没有得到足够的引导和保护，那么，现在就是在我们孩了身上实践的最好时机。在给予的同时，我们也满足了自己内在的那份需求，弥补了童年的遗憾。

序二
Preface ②

表达爱，感受爱，拥抱爱

《家有儿女》电视连续剧总编剧
李建宏

屈指数来，我和马宁已经认识快16年了。那时，我一边埋头创作电视剧《家有儿女》第二个100集的剧本，一边摸索着怎样当好妈妈这一角色。本来，我自恃有点教育学、心理学的知识，从来没有担心过自己与儿子的沟通会出问题。可随着儿子3岁时进入第一个叛逆期，“我不，我就不”成为小家伙的口头禅。为了他，我们夫妻俩经常斗气，家庭的和睦氛围也受到影响。有段时间我甚至怀疑孩子是不是得了多动症，所以才与其他的孩子不同。

有一天，在向一位朋友倾诉“苦水”的时候，朋友向我推荐了马宁老师开设的亲子讲座。

说实在话，开始我真是半信半疑。父母对子女爱得还不够深吗？还需要去学习“技术”？爱都要讲技术，那还纯粹吗？还是母爱吗？抱着搜集《家有儿女》创作素材的想法，我赶到广东参加了马宁老师主讲的亲子沟通讲座。

那是我们第一次见面，16年后的今天我还能清晰地回忆起那次见面时的场景，以及我们当时讨论的话题。马宁在课堂上表现得非常从容，极富亲和力，在引导家长和孩子的沟通上循序渐进、深入浅出，现场的效果立竿见影，在家长和孩子打开心结甚至抱头痛哭的一刹那，我也被打动了。课后，我们聊起她从事的工作与行业。那段时间，我正在为儿子吮吸手指而烦恼，买棍状的饼干、糖果，在手指上抹辣椒，“胡萝卜加大棒”等方法都用尽了，儿子吮吸手指的情况却愈演愈烈。就这些真实存在的问题，我们交流得越来越深入。很快，她就抓住了我的问题所在并给我提供了解决方法，事后证明，她的方法是有效的。

中国是最重视家庭生活的国家之一。父母在子女的成长过程中总是不遗余力地付出，不计成本。中国人的性格大多比较内敛，“大爱无言”，孔子更说“巧言令色，鲜矣仁”。在生活节奏慢、人口密度小的古代，子女也许有时间慢慢体会父母的这种无言大爱，但在今天的社会，有太多的“快餐文化”，太多诱惑在和父母争夺着子女们的眼球与注意力。学会表达爱，让孩子感受到爱或许将成为现代父母们不得不学习的一门课程。

我不是什么大家，对她所从事的专业也知之不多。马宁托我作序，实在诚惶诚恐。但想到我也是她的受益者，惶恐之间，寥寥数语，聊以为序。

序三
Preface ③

让爱成就彼此

“水立方”中方主设计师
中建国际（深圳）设计顾问有限公司总经理
赵小钧

“水立方”建成之后，我不再做设计，全身心投入公司的管理工作中。公司拥有近两千名建筑师和工程师，我深知在这样一个由知识工作者组成的公司里，公司的业绩、团队的创造力和工作的绩效，很大程度上取决于员工是否处于愉快、安全、自如、和谐的心境之中。而在当今的城市生活中，拥有这种心境是一件挺不容易的事情。

人的幸福与满足很大程度上取决于我们的内心世界，每个人的内心世界都可能存在某些“模式”，阻碍我们的生命走向圆满。这些有阻碍作用的模式，多半形成于我们儿时受到的一些刺激和伤痛，又在我们以后的生活境遇中不断地巩固和加强，最终形成我们的行为模式。有人讲，与父母的关系是人一生中最重要的关系，它决定了人生的大部分内容。对每个人来讲，在与父母的关系中或多或少都存在一些值得改善的地方。

每年春节期间，总有同事在聊天时提到，假期回父母家时会感到某种莫名的焦虑和压力；还有同事经常抱怨在配偶关系、子女教育上与父母的冲突。有这些烦恼的同事，往往自身也无法进入一种舒展的生命状态。我发现，还有一些同事可能没留意与父母之间的问题，也习惯了与父母的互动模式，但在工作中会表现出一些状况，比如对变化的过分担忧，对上司的过分依赖，对下属的过分控制，对完美的过分苛求，对同事的过分攀比，对环境的过分敏感，等等。这些阻碍了他们创造力的发挥及自身的提高，反映的是他们内心的种种深层恐惧，缺少安全感和自信。详细了解后就能发现，他们背后很可能有一位过于严厉、苛刻的父亲或母亲，或者从小缺乏父爱或母爱的滋养与呵护。这些都是非常普遍的现象！

为什么会这样呢？马宁的《戒掉爱中的伤害：只需倾听，别插手！》以及《在爱中建立规则：不打不骂，定规矩！》两本书中有许多类似的案例，介绍了很多内心模式与原始伤痛之间的关联，并详细地告诉读者，是什么原因让我们得不到想要的结果。

当然，我们作为成年人，了解这一切不是为自己的不足寻找借口，也不是要责怪我们的父母，其意义在于令自己更加成熟、客观地面对自我；同时，因为有一颗爱孩子的心，我们不希望让孩子重蹈覆辙。所以，从我们开始，尝试着停止在爱中夹杂无意识伤害的模式——不论是对孩子还是对自己，都是非常需要探讨和学习的。

中国目前的家庭教育和学校教育，对孩子有太多的要求，告诉孩子“应该”这样，“应该”那样。孩子被迫认为只有做到大人要求的结果，自己才是被认可和被接受的。长此以往，孩子就丧失了天生的自我认知，终日活在别人的标准中，无法做到人格的独立与自信。

马宁的这两本书还讲述了如何与孩子进行真正的爱的互动，从中还可以反观我们自己生命中出现的一些现象，从而反思我们的内心，去接受自己的伤痛与恐惧，从中承担自身成长的责任，让生命舒展开来。这样才可以让我们的父母享有更加圆满、幸福的人生，让我们的孩子拥有美好的未来，在他们迈出人生的每一步时，拥有爱的力量。

对我个人来讲，从书中可以得到一些知识，这些知识让我在工作中更加理解他人，也增强了我与亲人沟通的能力。

所以，谢谢马宁！

目录

Contents

导读......001

01 第一堂课

看到爱中的伤害

第一节　爱中的伤害——安全感的流失......004

第二节　“残酷”的父母——模糊的精神边界......014

第三节　灵魂出窍的孩子——忽略孩子内在精神需求......023

02 第二堂课

剥开爱中的伤害

第一节　情绪是精神边界的外在呈现......038

第二节　通过有形行为看到无形内在......051

第三节　划分彼此的精神边界......058

03 第三堂课
帮助孩子找到问题根源——陪伴式聆听

第一节　不恰当的协助模式……065
第二节　舒缓了情绪，调整行为才更有效……075
第三节　找到孩子情绪后面真正的问题……083
第四节　不适合陪伴式聆听的几种情况……092

04 第四堂课
让孩子愿意接受父母的帮助——主动式聆听

第一节　语气、表情和肢体语言……096
第二节　“主动式聆听”邀请孩子分享问题……100
第三节　孩子发脾气，如何继续谈话……105
第四节　等待孩子主动打开关闭的门……110

05 第五堂课
用爱引导孩子自己解决问题——引导式聆听

第一节　用聆听来引导孩子的内心……117
第二节　引导孩子进行自发性学习总结……128
第三节　引导孩子进行自我日常行为管理……136

第四节　引导孩子正确认知学校规则......143
第五节　让孩子学会平衡“谦让”和“争取”......148
第六节　引导孩子正确认知与其他家庭成员的冲突......155
第七节　外国老师教授《灰姑娘》......166

06 第六堂课
陪同孩子成就梦想——推进式表述

第一节　站在孩子的角度看孩子......171
第二节　给孩子成就梦想的勇气和信心......179
第三节　分享孩子的喜悦......183

07 第七堂课
两大法则戒掉爱中的伤害

第一节　引导法则......197
第二节　保护法则......209

总述......216
圣经与竹篮......219

导读

Introduction

父母与孩子在生活中会遇到各种难以解决的问题，而且，在一个家庭中，有很多事情是无法用对错标准来处理的。比如当孩子在家里的地板上扔了一块香蕉皮，明显是孩子错了，但是不舒服的却是父母。所以，本书采用了一种特殊的标准，将家庭生活中的所有事件划分为4个问题区域，当事件发生了，谁有不舒服的感觉，说明谁有内在需要没有得到满足，谁有问题需要解决。

问题区域	区域描述	区域划分	问题图
1	孩子遇到了困难	孩子在问题区域	
2	父母对孩子的 行为感觉到不满	父母在问题区域	
3	孩子和父母的需求 发生了直接冲突	父母和孩子都在问题区域	
4	双方相处无事， 关系非常愉快	父母和孩子都在舒适区域	

处理问题的原则：

本书以父母与孩子在事件中的不同感受为划分标准。这个感受是什么呢？就是不舒服或内在需要没有得到满足，这意味着有问题需要解决。谁有不舒服的感觉，谁就负责自己解决这个不舒服的感觉。父母和孩子都要对自己的情绪、行为和感受负责。

对于地上的香蕉皮，你可以看着香蕉皮责骂孩子。

很多父母会这样说："我都说了一千遍了，你也不听！你真的太糟糕了！"如果说了一千遍孩子都没有听，除了埋怨孩子，你是不是也需要停下来问问自己，为什么不换一种方法？你真正地面对这个问题了吗？是在继续等待着孩子的变化，还是在没有方法时硬碰硬地重复对抗？

责骂是没有办法让香蕉皮进入垃圾桶的，只会让自己的心情更加暴躁。接下来就让我们跟着本书所提供的方法，主动去实践，去解决那些生活中让自己不舒服的问题吧！

01

第一堂课

The First Class

看到爱中的伤害

知道你是爱我的，但当我面对你，
还是有着莫名的痛。
糅在爱中的伤害，让我在思念的同时，
不敢靠近你。

第一节

爱中的伤害——安全感的流失

“我们把所有的感情都倾注在孩子身上了，可是现在他却要休学，还说他恨我，我到底做错了什么？”

“我的小孩跟人说话没两句，不顺意就动手打人，小孩子都不愿和他玩，这可怎么办？”

“这个孩子每天学习磨磨蹭蹭，需要我不停地催，怎样可以让她学习自觉点？”

“我的小孩在学校没有按照老师的要求，私自把裤脚改小，老师教育他，他竟然回骂老师！像这样的事情很多，我经常被老师喊去学校，这可什么时候是个头啊！”

“没有孩子的时候，我们家的关系还是挺好的，但自从多了个孩子，尤其是孩子5岁以后，家里都快没法待了，为了这个孩子，我、老公和公公、婆婆的关系越来越僵。老人太溺爱孩子，我们想让孩子自己独立，每一次都搞得焦头烂额，这可怎么办？”

“我先生工作很忙，现在孩子对父亲的意见很大，见面都不喊爸爸，怎么办？”

…………

这么多年来，我看到了许多父母在教养孩子方面的问题，父母们心痛：

孩子为什么会这样？

为什么父母努力了一辈子，好不容易为孩子的生活创造了良好的条件，孩子竟这样不争气？

为什么事事担心、时时关切、用心疼爱的孩子，变成这个样子？

为什么孩子的发展状况与父母努力的方向偏差这么大呢？

在很多家庭中，父母、爷爷奶奶、外公外婆把所有的爱都给了孩子，结果却出现了很多让长辈们费解的问题：

6岁以下的孩子常有这些行为问题：不高兴的时候不说话直接动手打人、见人不打招呼、不给买东西就当街哭闹、喜欢吃独食。

6岁以上的孩子常有这些行为问题：顶嘴、撒谎、叛逆、自私、磨蹭、注意力差、协调力差、主动性弱、抗挫折能力弱、团队意识差、不尊敬大人、偷钱。

离家出走、休学、和老师对立、打架、参与校园暴力，这些行为问题在中学生中的发生频率现在也在逐年增加。

在大学期间，依然有许多大学生存在抗挫折能力弱、缺乏感恩心、动手能力差、对未来没有方向等问题。

甚至有的孩子在父母和其他长辈多重的爱护下却产生了轻生的想法。父母们忙着规划孩子的发展方向，忙着解决孩子面临的各种生活、成长的现实问题，不停地付出，换来的却是孩子的不理解、不配合、对抗，甚至是自我放弃。

面对父母们的种种无助和困惑，本书希望能为这些父母提供一些实用、可操作的方法。

首先，在解决问题之前要知道问题的背后发生了什么。

一、每个行为背后都有一个心理原因

每个行为背后都有它的原因。

中国有句古话：“菩萨怕因，凡人怕果。”普通人对于发生的事情，总是想就事情解决事情，结果这一次压下去了，下一次又出现了。所以，在解决问题之前，我们应该先去寻找问题背后的原因，抓住了原因，问题才会迎刃而解。

就好比，一个婴儿哭了，父母会去想：他为什么哭？是饿了还是要大小便了？核实之后，从起因上解决问题，哭泣自然就停止了。但是孩子长大后，父母却极少运用这种思维了。孩子哭了，恨不得捂住他的嘴；孩子不想上学了，父母更多的是紧张和担心，却很少和孩子共同探讨“不想上学”后面隐藏着的真正原因。

袋鼠与笼子

有一天，动物园管理员发现袋鼠从笼子里跑出来了，于是开会讨论，一致认为是笼子的高度过低。他们决定将笼子的高度由原来的10米加高到20米。结果不久发现袋鼠还是跑到了外面，他们又决定将笼子的高度加高到30米。没想到没过多久居然又看到袋鼠全跑到了外面。管理员们大为紧张，决定一不做二不休，将笼子的高度加高到50米。

长颈鹿饶有兴致地问袋鼠：“你们看，他们会不会再继续加高你们的笼子？”

“很难说，”袋鼠说，“如果他们再继续忘记关门的话！”

如果父母还没找到孩子问题行为的根源就忙于纠错，难免会做无用功，甚至起反作用。

要想长远地调整孩子的行为，最好先搞清楚孩子行为背后的原因，再用合适的方式从根源去解决问题，父母眼中孩子的不恰当行为自然就能停止了。

有三个因素会影响到孩子的行为：

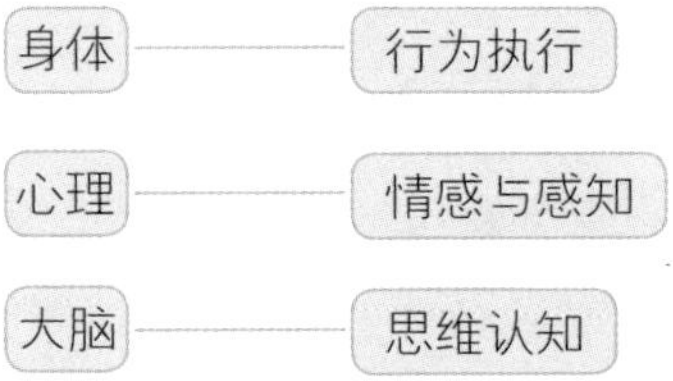

例如：孩子发烧了，身体的不舒服会导致他啼哭，这是身体对行为的影响。

孩子失去了心爱的小狗，他的内心会非常难过，导致一个下午不吃饭的行为，这是心理对行为的影响。

孩子认为自己能够搭建好自己的积木，他拒绝妈妈的帮助，产生用手推开妈妈的行为，这是大脑对行为的影响。

这三个因素都会影响孩子的行为，几乎是同时在起作用。如何看待这三者之间的关系呢？哪种因素产生的影响最大呢？

大部分父母会认为，大脑对行为的影响是最大的，因为看起来我们每天做的任何事都是由大脑决定的。也有父母认为，身体的影响最为重要，当身体虚弱的时候，人很难去做一些高难度、繁重的工作。只有极少数的父母认为，一个人的心理对行为的影响才是最大的。

古希腊的哲学家在很早以前就将三者做了一个比喻：

一匹马拉着马车在奔跑，很得意，因为它觉得是它带着整个车在奔跑。忽然间，它身上的缰绳被身后的马车夫拉动，一边的身体绷紧，于是它连忙朝身体绷紧的那边转弯。它才想起虽然它在奔跑，但方向是由马车夫来指定的。

一路上，马车夫不断调整着马的奔跑方向，直到车内坐着的主人说话了：“就到这里，停下来吧！”这时候，马车夫拉动缰绳，让马车停了下来。

在这段旅途中，马、马车夫、主人分别代表了我们的身体、大脑和心理，它们共同促成了这段旅途。谁的影响力最大，结果不言而喻。所以，我们千万要重视心理力量的强大影响。

人生最快乐的两件事就是：做自己喜欢做的事情；和自己喜欢的人在一起。这就是说：生命中所有的行动和心理活动，都是围绕着如何成就自我价值、如何拥有良好的关系来进行的。亲子教育也是如此。

本书将从孩子个人能力的发展和亲子关系的发展两个角度，分析父母对孩子付出的各种不同形式的爱，付出的爱会取得什么样的效果，以及如何更好地促进这两方面的共同发展。

二、爱和安全感是孩子敢于探索的力量源泉

在多年进行各种心理治疗和潜能开发的过程中，我深刻地感

觉到：一个成年人的潜能得到发挥的程度，一定和他内心的安全度紧密相关。安全度高的地带，潜能就会被发挥得很好；而安全度低的地带，潜能就不能被充分地发挥。

一个人内心最基础的安全感正是来源于生命的初期。

正在学习爬行的孩子，他会不停地向前爬再转过来看看妈妈。如果妈妈还在他身后，并且关爱地注视着他，他就会转过头放心地继续向前爬去；倘若他转过头来发现妈妈不在了，或者妈妈正忙于和其他人说话没有关注到他，他可能会用哭的方式来让妈妈再次关注他，如果哭泣得不到妈妈的关注，他会转头爬回来，直到再次得到妈妈专注的陪伴，才会重新向前爬。而再次爬行，他还会重复上面的过程。

由于担心妈妈不会给予自己爱和关注，他不能够很好地独立爬行，总是不断回头确认妈妈的位置。如果总是得不到爱和关注，孩子会伤心地停在原地，不断地找妈妈，而不再去学习爬行；或者他觉得这种不断地确认和等待让他难受，可能会忘记对妈妈的需要而自己去玩，然后不再相信妈妈，对妈妈的表现和话语充满不信任，行为上会开始表现得非常固执。

亲情的安全感是每个人探索外部世界的基本需要。而安全感来自对于爱、对于被关注和被理解的感受。感受不到足够的爱，孩子便不能把注意力放在真实的自我成长以及关系的建立上。

一个和父母没有良好关系的孩子，会因为最早期的人际关系——家庭关系的失败以及安全感的缺失，而影响到自我认识以及成人后与周边环境之间的关系。他很难有真正的社会归属感和角色定位；或者在自我价值的实现上，无论外在的评价如何，都很难有足够的成就感和快乐感。

所以，现在的社会中，我们总是能够看到很多大家眼中的成功人士，他们事业有成，有房有车，但内心却充满了空虚和莫名的渴望；还有一些人已经建立了一个大家眼中的美满家庭，却经常找不到家的感觉，而且自己都不知道为什么。

心理学认为，孩子六岁以前的家庭互动关系，影响着孩子的性格模式和成人后的各种人际关系。这些早期形成的潜意识认知，如果在孩童时期进行调整，相对比较容易；如果在成人之后再进行调整，就需要较长的时间和更多的精力。

我在咨询和培训的过程中经常看到：同样一个问题，在一个八九岁的孩子身上，可能一年就能解决，而对于一个成人来说，花十年都未必能解决；一个三岁孩子的情绪发泄和处理可能只要几分钟，一个成人却几个月也缓不过来，还会影响其他的事件；一个十岁的孩子和别人发生矛盾，十多分钟就可以弄清楚缘由，一个企业高管可能需要一两个小时才能搞清楚大概的缘由。

对于成人来说，需要解决许多衍生出来的问题，才可能碰触到核心问题。因为成人从小没有解决问题的模式，已经派生出了各种思维模式，在后来的成长经历中，会定向选择吸收周边信息。也就是说，他认为这件事情是怎样的，就会选择和这个观点相关的事件和结果来印证自己的观点。

比如，当一个孩子从家庭关系中得出一个结论——“我觉得这个世界上没有好人”，成长过程中，他会不断注意关系中互相伤害的事件和结果，以证明他的这个结论是对的，而对于关系中的相互宽容、退让却容易选择性忽略或者遗忘。

随着年龄的增长，这些选择性吸收的信息慢慢就像一层层的盔甲包裹在最初的那个简单问题之外，让问题变得越来越严重，甚至让周围的人感觉很难与之沟通。结果，在解决他最初那个“我需要被关爱”的问题之前，还要花费大量的时间来剥去问题外面的层层盔甲！

从孩子小的时候开始，给予他更多的关注和支持，会让他在成长的道路上少走些弯路。

三、爱和安全感让孩子更愿意接受引导

一位妈妈带着10岁的小男孩来见我。妈妈对我说：“孩子各科成绩都很不理想，并且经常在学校里打架。”

我问男孩是否愿意尝试画一张画，他很乐意地接受了。

他拿着纸和笔，刚画个弧度，妈妈就开始说：“你这是在画太阳吗？绿色的太阳多难看，用黄色的笔来画吧！”

孩子拿着笔到处乱画着，画了很多的叉，妈妈在旁边说：“你怎么这样画？这画的是什么？”

孩子继续不停地画。妈妈又说：“老师让你画，你不好好画！从来就是这样胡搞！”

我等孩子拿起另外一张纸再画的时候，问道：“你是不是觉得心里很烦，又不知道怎么办，所以故意画得很乱给妈妈看？”

孩子立刻抬头瞪着我，说：“阿姨，你怎么知道？”

我笑了笑，说：“我带着妈妈先到旁边去聊天，等会儿你画好了拿来给阿姨看好吗？”

孩子马上点头说好。过了一会儿，他拿来一幅画，上面内容充实，色彩丰富。

生活中经常会看到这样的父母：仅仅看到孩子有形的成绩和考分，看不到孩子无形的内在需要，包括被认同和被鼓励的需要。

当孩子的情绪和情感被接受了，他才会真正感受到爱，才能拥有真正的安全感。而关系之间一旦失去足够的安全感，关系的引导就可能失败，甚至还会产生对立的状况。在对立的关系中，即便父母说的话是对的，孩子也会产生对立的想法和行为。

同时，当关爱通过不恰当的方式得以表达时，会让孩子产生很多的困惑，从而难以分清是自己的需要还是父母的需要。亲子关系的模糊定位，最容易影响到孩子将来的自我定位和对关系的认知。

在培育孩子正确的行为规范和自我认知时，要创造机会让孩子感受到所有教育的前提——爱。感受不到爱的教育方式，容易导致孩子抵触和不信任父母。而孩子只有对充满安全感的关系产生信任时，才愿意接受帮助和引导。

爱和安全感，让孩子愿意跟随父母的引导前进，父母的期望不再是压力，而是祝福和支持。爱和安全感是一个孩子成就自我、感恩父母最基础、最重要的养料。

如果一个孩子的行为出现了异常，一定和爱与安全感的流失有关。

如果父母的方法和方向是错的，爱得越深伤痛就越深。这样的爱，不仅让孩子受伤害，也让父母受委屈。因此，看清在爱中无意识混入的伤害，才有机会让父母和孩子同时获得幸福。

总的来说，父母在教育孩子的过程中，孩子爱与安全感的流失有两种模式：

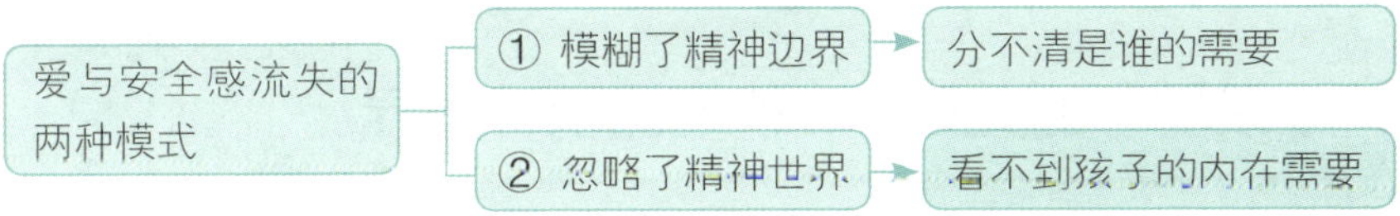

第二节

“残酷”的父母——模糊的精神边界

一个人缺乏安全感是因为他的精神世界缺乏保护系统。

没有保护系统的内心世界，便难以构成独立的、自强的人格。

一、亲子关系的不清晰定位导致错爱

不安全感的产生，是因为承担了不属于自己的责任，或者没有承担应该承担的责任。一个人的不安全感会导致痛苦。

很多时候，问题本身不难解决，却因为要通过不同的人来解决，而变得复杂和困难。

如何面对和处理这些繁杂的关系，我们幼年时期的亲子关系模式早已为此奠定了基础。成年人的各种行为和关系模式，实际上是幼年的家庭关系模式的投射。

分清楚关系中问题的责任归属，首先必须了解一个概念——精神边界。

在生活中，每个人都有着他的身体边界。我们各自的身体，即存在界限，是很容易被注意到的。

当走在一条狭窄的路上，对面有行人过来，我们会有意识地侧过身体，不去侵犯别人的身体边界，也不让别人侵犯到自己的身体边界。如果一个陌生人走过来抚摩你的肩膀和后背，会被看作是骚扰和侵犯，这是社会认同的基本法则。那些严重的身体撞击、殴打会被称为人身攻击或者人身伤害，法律还会予以惩罚。这些都是身体边界的表现形式。我们为了保护身体，还给它打造舒适的家来阻挡风雨和外来的伤害。

实际上，在我们有形的身体里面还有一个内在隐形人，它就是我们精神世界的代表。所有看不见的内在心理认知、情绪感受、潜意识系统和文化信仰组成了我们内在的精神世界。

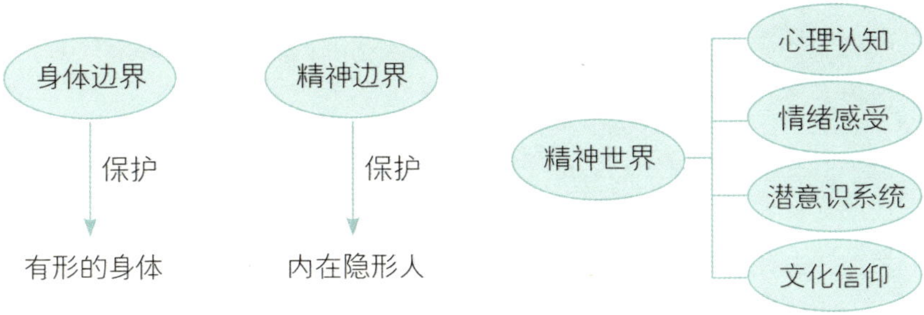

内在隐形人也同样需要被“看到”和认同。当内在不安全的感觉出现时，隐形人也需要被安置到舒适的家中、建立自己的防御设施来遮蔽“风雨”。保护内在隐形人的家就是保护每个人的精神边界。

然而，我们在心理和精神上往往分不清彼此的边界，经常忽略身体里面的精神边界。

父母经常指手画脚地对孩子说：“这件事情你应该这样

做！”这就意味着在对孩子的内在隐形人说：“你走路的时候，应该听我的，什么时候该迈左腿，什么时候该迈右腿，我比你还清楚！”

当孩子对父母说：“开水烫死我了！”父母回答他说：“没事，皮肤没有红啊！”这就好比，孩子的内在隐形人围着父母转来转去，想要告诉父母它的存在、它的感受，可是父母用“看不到”来否认它的存在！

有些父母对孩子的隐私和任何想法都要去管，偷偷地翻看孩子的日记和手机短信，不允许孩子的房间上锁，还经常说“我是为你好”。

我相信，父母这些行为的出发点都是好的，是想要提醒孩子或者安慰孩子。但是，如果没有尊重孩子的内在感受，结果只会适得其反。

每个内在隐形人都拥有独立的思想、感受和情绪，它们的存在就如同身体的各个器官一样，每个人都必须独立拥有，而不能和他人共用。连体婴儿，一定要在早期对共享的器官进行手术分离，否则会影响其寿命；情绪、认知状态的连体，同样会限制彼此的发展。

上述的种种不恰当做法，可看作是父母和孩子内在隐形人的连体状态。

父母以为“我爱你”“我是为你好”，就可以和孩子没有界限。实际上，这样做对双方都是伤害。

对于孩子来说，没有边界就没有了自我保护，在没有自我保护的世界中，孩子会经常感到焦虑和无所适从，他不知道心之归属在何处，因为他的内心没有边界，只是充满了动荡和不安。内在的不安会阻碍孩子产生探索外部世界的愿望和动力。只有内在充满安全感的人，才能够更加热情地面对外面的世界。

同时，对父母来说，没有边界地教养孩子，把孩子的责任都揽在自己身上，失去了自我的生活空间，自然会产生种种焦虑。这些焦虑感又会投射在与孩子的互动中，再次作用于孩子身上，导致亲子关系的恶性循环。

一个人的精神边界是无形的，必须由自己建立和维护。即便是邀请别人帮助，也无法由别人替代。就好比身体的疼痛无法由他人替代，吃饭睡觉不可以由他人替代一样，人的心理感受也无法由他人替代。

因此，每个人都有维护自己精神边界的责任。有了边界，才知道在自己的王国里可以坦然地做什么，从而无须背负过多不属于自己的责任。

为了自己、为了孩子，父母需要让孩子和自己各自拥有清晰的精神边界。

二、模糊精神边界的两种表现

模糊精神边界的两种表现
- 父母把自己的认知投射到孩子身上
- 父母把“期望孩子做的”当作“孩子应该做的”

1. 父母把自己的认知投射到孩子身上

父母经常会把“我认为这就是你要的”当成“这就是你

要的”。

我们总是给予孩子我们认为他们需要的，却很少真正问问孩子这是不是他们所需要的。

一个刚刚学会走路的孩子，摇摇晃晃来到一道沟坎前。这道沟坎不会让孩子有生命危险，但是如果孩子走不稳，可能会碰伤身体、流血、疼痛。这个时候，父母会怎样做呢？大部分的中国父母出于对孩子的爱，会把孩子直接抱过去。如果没有把孩子抱过去，会发生什么呢？当然，答案是孩子受伤，擦破皮、流血、疼痛、哭泣。如果这个受过伤的孩子下一次再遇到这道沟坎，想想孩子又会有什么反应呢？

这个问题，我在许多场讲座中都问到过，父母们给我的答案也多种多样：

“害怕，所以停下来，哭泣，不知道怎么办。”

“害怕，所以绕过去。”

“害怕，要妈妈抱过去。”

“没什么感觉，继续向前走。”

…………

我们真的了解孩子吗？到底是我们认为孩子是这样的，还是孩子真的就是这样呢？

实际上，一个没有受过外界影响的孩子，他会兴趣盎然地尝试了解外部世界。孩子在第一次学习跨过沟坎的时候，有可能受伤，不过本能会让他拥有不妥协的意志。当再一次遇到同样的沟坎，出于本能，他会停下来思索，然后更加谨慎地上前；也许还会跌倒，但他还会更加谨慎地继续练习，直到若干次后他成功走过这道沟坎，他会非常自豪地表现出来：“我征服了这个难题！”在这个过程中，孩子的各种协调能力得到了很好的锻炼，面对外界困难时，他们会主动增强自我的信心和认知。

如果这才是孩子的真实状况，为什么父母却产生了那么多不同的想法呢?

认为孩子“害怕，所以停下来，哭泣，不知道怎么办”的父母，大概在生活中遇到困难时会经常有无助的感觉，而且常常不知道寻求他人的帮助，容易困在问题当中，比较情绪化。

认为孩子“害怕，所以绕过去”的父母，大概在生活中遇到困难时会经常选择逃避和转移。逃避和转移在有些时候有缓解压力的作用，但是长此以往，会造成焦虑。

认为孩子“害怕，要妈妈抱过去”的父母，大概在生活中遇到困难时经常会首先想找人帮助，处理事件依赖性比较强，不够相信自己。

认为孩子“没什么感觉，继续向前走”的父母，大概在生活中看起来很热情、坚强，遇到困难会想方设法解决，然而对于困难的总结不够，因此很可能经常让自己在没有防备的状态下受伤。这样的父母往往来自“忽略内在精神需求”的家庭。

父母对孩子不同的认知，使得父母选择了不同的应对方式。当父母把孩子抱过沟坎，也许就让孩子失去一个通过实践证明自己能力的机会。

我们总是把自己最需要的东西，分享给心爱的人，却从未真正了解过他们要的是什么。

家庭关系中不缺少爱，只是父母总是在错爱。这是一种缺乏确认的爱的臆断。

问题本身并不是问题，因为恐慌而没有机会解决的问题，才是问题。人生来就有成就自我和征服困难的本能。如果父母不了解这一点，就会把自己的世界观套用在孩子的身上，结果不但没有帮到孩子，反而用武断的爱折断了孩子的翅膀，压制了孩子的自由成长。

2. 父母把“期望孩子做的”当作“孩子应该做的”

“妈妈辛苦了一天给你做的饭，你还不喜欢吃！”

“我为你放弃了多少，你还不好好学习，只想出去玩！”

孩子可以为父母的期望而学习，也需要为自己的未来而学习，但是孩子也有玩耍和享受生活的权利。如果父母的付出必须要求孩子用放弃自主权来回报，这好比我们为一个人做了很多事，于是要求他用命回报一样。

父母在无意识中把爱变成了一种交易。对于父母的付出，孩子似乎一定要完全按照父母的意愿全盘接受：不可以不喜欢父母做的饭，学习的时间不可以短于父母的要求。

父母需要把自己对孩子的理解以及期望，同孩子自身的真实状态和需要分开来看。两者并不对立，期望本身也没有错，因为期望的背后往往包含着很多的祝福、支持和正向的引导。但是，如果分不清两者，把自己的期望变成孩子必须完全照搬的标准，其实就是在打着爱孩子的旗号来满足自己。如果父母为了自己的期望而长期打压孩子的其他爱好，那么，这个期望就会成为孩子的反抗对象，孩子甚至会故意和父母对着干。

“我就是不想吃！”

“你就是要我替你学习！我就是不学！”

时间久了，孩子可能会不接受父母的关爱，或者接受了却并没有感谢。

好心不见得做好事。不管出于什么样的原因和动机，如果结果和原意背道而驰，就要好好审视一下我们的角度和方法了。

对孩子随时监控的结果是摧毁孩子自我的精神边界，让孩子变成一个和父母没有不同、在父母眼中绝对“听话”和“乖”的孩子。孩子在父母面前没有学会建立精神边界，就不会在其他人面前建立精神边界。

没有精神边界的人，他的内心就是跑马场，任由他人来践踏或者主宰，而不知道如何进行防卫。这样的孩子内心充满不安，也缺乏归属感。

失去了自己精神边界的人，就会缺失自己的思想和价值观，不知道反驳、保护自己。甚至在遭遇危险的时候，不敢拒绝、一味逃避，不敢用行动来保护自己。

有时，为了家庭的平和，孩子从小会过于懂事、努力，会看眼色行事（实际上是过于在乎别人的看法，无法建立自我客观的价值观），长大后容易过多承揽不属于自己的责任，很容易因为他人的情绪产生压力，背负不必要的自责。

那些长大后经受着婚姻暴力却不能够离开的人，那些被黑社会势力挟持却无力反抗的人，同样有着相似的问题内核。引导孩子建立自己的家，不光是物质上的，还有精神上的。

另外，如果一个孩子保护自己的力量比较强大，而父母总是想模糊彼此的边界，他会出于自我保护，使自己的“家”装备森严，让父母很难碰触到他的内心世界。当孩子表现出和父母对抗、拒绝交流等行为时，实际上是孩子在尝试着学习保护自己。父母要做的不是强行把门砸毁，而是学会敲门而入。

如果还未找到良好的方式，便把众多美好的期望强加到孩子身上，就可能演变成庞大复杂的压力关系。在这种关系中长大的孩子自然容易出现困惑，孩子的成长和认知也会裹足不前。

所以，请不要把父母的期望和孩子的需要混为一谈。

第三节

灵魂出窍的孩子
——忽略孩子内在精神需求

父母除了可能会混淆自己与孩子的精神边界外，还可能直接忽略孩子的内在需要。总结经手的各种家庭案例后我发现，父母忽略孩子的内在精神需求有三种表现形式：

- 父母忽略孩子的内在精神需求的表现形式
  - 只注重有形物质世界的技能培养
  - 只注重行为管理
  - 只注重孩子的物质需要

一、只注重有形物质世界的技能培养，忽略无形的内在精神需要

许多父母最关注的是孩子的考试成绩和外在技能，而孩子的内在感受和需要常被当作是虚拟的精神世界而被忽略。

实际上，学习成绩和金钱永远只能意味着过去和现在，不代表将来。

1989年，杭州市天长小学周武老师受邀参加一次毕业生聚会。当时他非常吃惊：那些已经担任副教授、经理的学生，在学校时的成绩并不十分突出；相反，那些当年成绩突出的好学生，成就却平平。这个现象引起了周老师的好奇。他开始追踪毕业班的学生。

经过10年对151名毕业生的追踪调查，他发现，学生的成长是一个动态的过程。小学时的好学生随着年龄的增长，出现成绩名次后移的现象。

小学时主科成绩在班级排前5名的学生，进入中学后名次后移的占到了43%；相反，小学时排在7～15名的学生，进入中学后，名次往前移的比例是81.2%。

第一名的学生为了维持第一的位置，把所有的资源和精力都拿来读书，自然会失去发展人际关系、领导力和其他兴趣的机会。

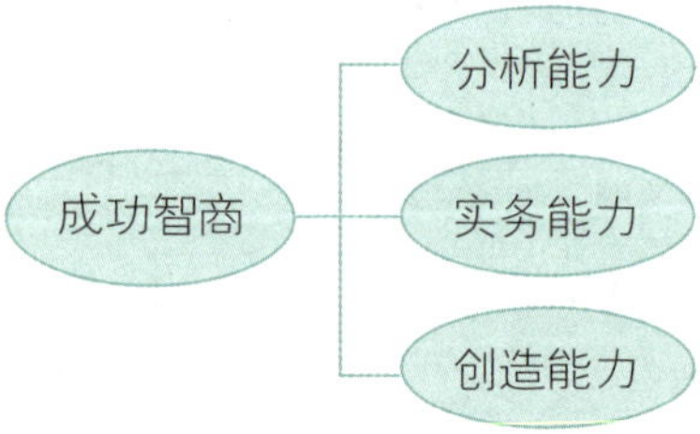

耶鲁大学心理系教授罗伯·史登堡是美国研究智慧方面的大师，他提出“智慧三元论”：成功智商包括分析能力、实务能力和创造能力。只重视智力的成绩评量方式是有偏差的，它只测量了学生的分析能力，却没有测量实务能力及创造能力。

根据罗伯·史登堡的论点，考试成绩只代表今天的成功，无法保证未来的成就。

我接过在加拿大、美国、日本、法国等国家留学的一些中国留学生的个案，发现了一些惊人相似的地方：他们都是非常优秀的孩子，外表漂亮、帅气，出国时成绩优异，家庭物质条件优越，父母都是高级知识分子或者政府高层官员。这些孩子大都在高中或大学时出国留学，其中部分学生中途却因为各种原因坚持不下去了，休学回国来重新学习一些适应技能。

一个22岁的孩子，在国内成绩非常优异，到了国外因为语言沟通能力差，心理落差极大。一年后开始担心不能如期毕业，会让父母面子过不去，还要花费家里的钱，以致两年后表现出严重抑郁的症状，出现幻觉、幻听。在国外坚持了一年的药物治疗还是不行，只好中途回国。

一个16岁的孩子，出国一年后，因为跑步摔伤了脚踝，需要别人照料。由于他以前做事都比旁人优秀，因此认为接受别人的照顾和怜悯是一件极其丢脸的事情，这种羞耻心导致他很长时间没有办法集中精力上课。

一个17岁的孩子，到国外后寄宿在一个外国人家庭中。他和同学发生了冲突，但担心直接拒绝会让同学不愿意接受自己，因此不敢说出自己的意见。时间久了，他总感觉在这个环境中被排斥，慢慢开始逃学、不愿意出门。半年后成绩下滑，心理落差出现了。在情绪低落的影响下，他觉得老师总在批评他，同学也在说他不好，感觉自己突然在别人眼中成了一个坏孩子，于是更加自闭。最后无法再继续上学，只好退学回国。

这些努力、聪明的孩子们，通过了层层考试，最后难倒他们的，反倒是这些向来不被当回事的心理上的“小问题”。

我想说，一路走来从不出错的孩子，最容易出大错；过于极致的东西，往往会导致极深的伤害，这种伤害如果不是针对他人，就是针对自己。

长期以来，这些优秀的孩子不敢放弃自己在人群中的优秀地位，似乎除了保持优秀，他们不知道如何得到别人的认同和信赖。

人会为自己的所长所牵绊，因为大家需要通过这些所长，去得到其他想要的东西——内心深处“被认同”和“被关注”的心理需要。

“为自己学习”的需要和“被认同和关注”的需要本来是两件事，但是现在却变成了被中国众多孩子混在一起的问题。结果孩子做事情，更多是为了他人的眼光和看法，一旦不被他人认同，就会产生挫败感；无论获得多少成就，总是被他人的评价左右，导致无法把注意力放在自己要做的事情上。

除了混淆这两个需要之外，在人际关系中还存在不知道如何争取和退让、分不清自己和他人的需求、自我情绪认知混乱等问题。

这些本该从幼年时就开始学习的本领，由于父母过于注重孩子知识的学习而被忽略了。很多父母并不了解，心理因素对一个人的影响是长期的。

父母总以为，一切过去了就是过去了。然而，如果没有从过去的事件中吸取足够的经验和教训去为将来做准备，即便当下事情过去了，那种挫败的感觉还会留在潜意识当中。一件件类似事件不断在潜意识中累积，直至孩子青春期之后有了社交的欲望，这些问题就会慢慢地暴露出来，有的则会隐藏到成年后再显现出来。

用一句话来说，未完结事件（没有学会面对和处理的事件）不会随着时间消逝，只会随着经验的递增，具有更强的隐藏性和更大的杀伤力。

一辆赛车在奔驰的过程中，如果油门出了小问题，是停下来维修，还是继续奔驰呢？大部分人总是要等到出了车祸，然后用更长的修理时间作交换。平常不注意修理，结果等到大赛的时候出现大问题，因为大赛对油门的动力要求更高。

这就是很多人总是感觉自己能力不差，却总在节骨眼上出毛病的原因。

头脑的聪明指的是才华与智力，而心灵的力量指的是品德、价值观及受两者指引的选择力。

头脑聪明而欠缺成熟的心理能力，导致的结果很可能是“怀才不遇”，总是在关键点上马失前蹄。心灵的能量决定了我们在人群中的号召力，以及个人关键时刻的选择力。

赛跑时起跑非常重要，可没有父母能绝对保证孩子不会输在起跑线上。对于父母来说，除了让孩子努力做好起跑，同时还要尽量不让孩子输在转折点的选择上。

分数不能代替经历，文凭不能代替文化和智慧。分数是暂时的，认知能力是长久的。考试争第一是投资现在，培养好的学习力和思考力，则是投资未来。

心理问题不解决，能力也会受影响。人生是一场长跑，孩子不应该只会拼命读书，在上半场赢了爆发力，下半场却没有了持续力。在抓孩子学习技能的同时，父母更应该关注孩子在各个阶段的心理成长需求。

二、只注重行为管理，忽略无形的内在心理需要

一对夫妻带着孩子来见我，说："我们家没有太大的问题，我的小孩学习成绩非常好，只是最近出现了厌学现象，不知道是怎么回事。"

我问孩子父母："有没有看到对于孩子来说，生活中哪些问题让他觉得不太满意？"

父母说："没有，一切都挺正常的！只是近半年来他对大人在言语上有时候有些不尊重。他平时都很乖、很懂事的！"

父母说话的时候，孩子一直在旁边低着头不说话。

重新看看父母的回答，就会发现：他们并没有回答我"孩子到底有什么不满意"，而只是在说他们对孩子有什么不满意。

这中间的差距是巨大的。父母真的用心去了解孩子的感受了吗？

孩子的一份潜意识测评报告的结果显示他最近有自杀倾向。在和孩子单独核实这个问题的时候，孩子号啕大哭。

"我感觉没有人关心我。我从幼儿园就开始寄宿，一直到现在，爸爸妈妈就知道工作，不管我怎样做，他们都不能在我身上多花点时间，也无法沟通，我感觉自己就像一个孤儿。

"一年前爸爸妈妈给我换了这所贵族学校。这里的学生成绩都很好，学校又有很多的竞赛，感觉压力特别大，但是没有人可以理

解我！

“周末回家爸爸妈妈只关心我的成绩，这让我更加害怕。我觉得长这么大从来没有开心过，活着没有意思！上周末回家的时候，我站在天桥上，真的就想跳下去了，那样也许就解脱了！”

在得到孩子同意的情况下，我当着孩子的面把这个情况告知了他的父母，父母都惊呆了！原以为只是个简单的学习问题，没有想到还隐藏着这么大的心理原因。

点评

父母并不是天生就能读懂孩子的需要，而是要不断地学习。有时，孩子并非一定要哭闹，才说明他们不开心和不舒服。父母不要等到孩子主动告之了，才去了解孩子的需要。

父母能够感受到孩子的需要吗？是不是经常忽视孩子的一些看似简单的问题？

当孩子不停玩电脑时，父母更多地只看到孩子让自己不满意的行为，却没有意识到孩子的行为异常正说明他的内在精神世界有某种需要没有被满足。不停玩电脑的孩子，在生活中有其他的乐趣吗？有其他的成就感吗？有其他被关注的机会吗？

不哭不闹的孩子，不一定就是没有问题和需要的孩子。

不仅仅是孩子打架、偷钱、哭闹，才表明孩子的内在需要没有得到满足。孩子写作业磨磨蹭蹭、回家不说话、脸色阴暗、坐在那里总是发呆，也都说明了孩子内在有困惑。甚至在谈话的过程中，孩子突然情绪激动，这时父母是看到了自己的不舒服，还是看到了孩子需要帮助的内在？

在我的家庭关系工作坊中，经常看到一些家长写出来的事件，更多的是自己对孩子行为不满意的事件，而孩子需要帮助的事件经常被忽略。家庭生活中，如果孩子的需要总是没有被父母看到，孩子将是多么孤独。他会关闭那扇向父母倾诉、表达的心门，因为当父母不会聆听他时，他觉得说再多也没用。

而对于那些表现自立的孩子，父母反倒更要主动给予关注。

有很多被父母认为从小独立、十分“乖”和“省心”的孩子，在青春期或者成年后，反而容易出现更多的问题。

在看到孩子自我成长的同时，父母也要看看：他们的“乖”和“省心”当中有没有委屈？有没有其他的需要？是为了满足父母而为，还是真实的自我满足状态？

我相信，每个父母爱孩子的方式都出自良好的动机，然而，好心有时也会无意地造成伤害。如果不面对这个现实进行总结和调整，以后会造成更大的麻烦。

不要等到有一天，孩子突然出现了离家出走、暴力倾向、逃学等情况，父母才意识到问题的严重性，才愿意停下来想一想彼此之间到底发生了什么。

孩童时期的行为调整相对容易很多，等到孩子大了、问题严重了，解决的难度就会相应增大。

行为没问题，不代表内在没有困惑和需要；行为有问题，不代表就是坏孩子。

三、只注重孩子的物质需要，忽略孩子的内在心理需要

生活中常听到父母对孩子说：

“你自己说吧，你要什么？你要什么我给什么！这难道还不够关心你吗？”

“我找最好的老师和学校，什么好的都给你，你还有什么不满足的？我难道对你还不够好吗？”

其实，这样的做法看似无私给予，却缺少足够的关心。

父母以为让孩子快乐就是满足他所有的想法。其实孩子的想法和感受是两回事，想法和行为是用来满足感受的。感受没有对错，但是想法和之后的行为是有对错的。缺乏关心和引导，很容易变成行为上的纵容，而纵容的结果，就是孩子在物质方面无限制的需求。所以孩子见什么要什么，不给就发脾气，而买回来根本就不用。

每一个物质需要的背后，都有一个无形的内在心理需要。

比如，当孩子不断要买这买那时，他其实在问：“你到底爱不爱我？是不是真的愿意关注我的需要和想法？”

物质的需要往往代表着内在期望被关注的感受。如果不能够看清楚这一点，父母过于忽略孩子的心理而仅仅强调物质方面的补偿作用，就可能让孩子在将来成为物欲和金钱的“奴隶”。

又或者，父母总以为留给孩子财富，才对得起孩子。父母在努力赚钱的过程中，会无意识地让孩子感觉：似乎钱在父母心目中的地位比自己的地位还要高。因此，为了得到父母的关注，必须获得更多的钱财和物质。

多年之后，那些别人眼中的事业有成者，往往是金钱、权力有了，生活水平不断提高，但是生命的质量却提升很少，幸福感和快乐感来得很少或者很短暂，自己也不知道为什么。

他们可能会困惑：我一直以为挣了很多的钱，就可以给孩子创造优越的学习和生活环境，给年迈的父母提供一个安享晚年的保障，这样我就满足了。但当我真正做到这些的时候，为什么我并没有真正感觉到快乐和幸福呢？为什么还是有那么多的焦虑、担心？为什么我一天中的很多时间都快乐不起来？在我生命中到底发生了什么，让我不能真正地了解自己和身边最亲近的人？

只有这个时候，他们才开始隐约知道，金钱并不代表快乐和幸福，金钱也并不能换来真正的关注和尊重。于是在中年出现了心理危机——劳碌半生，突然不知道自己活着的意义和目的。

如果父母可以让孩子在小的时候就了解到，真正的幸福和满足感不是来自外界的物质，而是来源于自我内在的满足和认知，就可以让孩子在追求物质目标的同时获得内在满足，让孩子以后的生活更加平稳和顺利。

由于工作原因，我经常到全国各地出差讲课，对孩子的陪伴比较少，因此每次出差回来，我都要找点时间和她相处。

在孩子刚上一年级时，有一个月先生连续两个周末都带孩子去公园游玩。第三个周末到了，孩子提出要我陪她去公园。以前家人带她去公园，较多以玩娱乐设施、沙画等等为主要活动内容，玩得也非常尽兴。这次，我决定换一种方式来度过这个周末。

我同样带着孩子去一个最近的公园。所不同的是，我找到一块非常大的鹅卵石空地，然后让孩子脱了鞋子光脚在上面跑。光脚跑是很多孩子都非常喜欢的游戏，这是和大自然接触的非常好的方法，对孩子的身体也有好处。

孩子兴致勃勃，一会儿摸摸这块地，一会儿用脚踩踩那块地。

10分钟后，我告诉她，如果玩尽兴了，就把这块地的特点告诉我。

过了一会儿，她跑来告诉我："妈妈，这块地，中间大圆圈内的石头比圆圈外的热。"

我问道："那是为什么呢？两处的石头有什么区别呢？"

她又去跑了一圈，回来告诉我："妈妈，我发现了两个不同的地方，可能就是温度不同的原因。一是里面的石头是深深的咖啡色，外面的石头是浅浅的乳白色；二是外面的石头有周围的遮挡，里面的石头没有遮挡，直接在阳光下。"

我又问："那由此可得出什么结论吗？"

女儿回答说："我知道没有遮挡、被晒过的石头一定比较热，但是我不确信深颜色的石头就会比浅颜色的石头热。"

我于是说："那我们去找找，看看其他地方深色的石头和浅色的石头有没有区别。"

于是我们在公园里寻找不同颜色的石头，并且做了比较，最后女儿得出"深色的石头在太阳光下就是比浅色的石头热"！

我肯定了女儿的思考和总结，并顺着这个结论，解释了深色吸光的原理。

这时，我们刚好来到湖边。女儿红扑扑的脸蛋上写满了开心。

我提出了新的方案："看谁把看到的东西，描述得又快又准。"

女儿马上示意要先说。她一口气说了很多优美的语句——

红色的蜻蜓像落叶一样停在水面上；

绿色蜻蜓的翅膀和透明的水混在一起，分不清谁是谁；

荷叶和荷花组成了一朵新的大花，其中的一朵荷花像它的花蕊；

整个湖面的荷叶像一张铺在水面上的布；

水面像一面镜子，把岸上的树和一切都照在里面；

倒垂在湖面的树枝形成了一个山洞，好像有人可以划着小船穿过去。

…………

听着孩子说出来的优美句子，我很惊讶。孩子更加高兴地努力表述着自己的想象，最后，她又说：

"妈妈，我想到了一篇课文，我觉得非常符合现在的情景，我背给你听：

秋叶飘飘

红色的蝴蝶，黄色的小鸟，在空中飞翔，在风中舞蹈。

不是蝴蝶，不是小鸟，是红叶舞，黄叶飘，像秋姑娘发来的电报，告诉我们秋天已经来到。"

我由衷地高兴：所有的知识不是为了记住，而是为了活用。女儿已经可以把学到的知识活用在生活中，我和她一起庆祝——

拿酸奶干杯！

时间不知不觉过去了。我问女儿："今天开心吗？我们没有坐游乐车，也没有花钱，你喜欢这样吗？"

女儿："开心！妈妈，原来不花钱还可以比花钱玩得更开心。我喜欢这样！"

我："嗯，那原来在公园玩得怎么样呢？"

女儿："也好玩，但是今天更有意思！"

我："那我们可不可以在下次想玩的时候，自己多设计一些活动呢？"

女儿："同意，完全同意！"

点评

体验、感知、游乐和思考都是孩子生活中必需的，花钱的游戏有它的意义，但不是唯一的游戏方式。让孩子融入游戏之中，去体验和感受，从中认识自己，游戏会让孩子感觉更加生动。

我曾经读过一个故事：

圣诞节的"喜马拉雅山"

一位美国老教授，出生于美国经济大萧条时期。父亲虽是高级知识分子，因为事业破产也只能做粗工，夏天铺路，冬天铲雪。

有一年圣诞节，他早早醒来，兴奋地跑下楼去摸挂在壁炉上的圣诞袜，却只摸到一块巧克力糖，他感到非常失望，放声大哭。

父亲把他拉到一边，告诉他为什么没有礼物，因为父亲把买玩具的钱送给更加需要钱去买食物的人，然后告诉他真正的礼物在后院。

他开门出去一看，后院有一个10米高的雪山。父亲一夜未眠，用铲雪车把清扫道路铲来的雪统统堆在后院，为他造了一座“喜马拉雅山”。这个礼物令他惊喜万分，让他成为全村孩子们最羡慕的对象。

这个圣诞节令他永生不忘，60年后依然记忆深刻。

他的父亲一生穷困，未能给他留下任何钱财，他必须半工半读才能完成大学学业。但在他的心目中，父亲因为正直、高贵、有爱心，给他树立了最好的榜样。

他一直说：“内在的人格是父母留给孩子最好的遗产。”

如何看待这个世界，如何看待自己，这就是父母留给孩子最大的勇气和最深远的智慧！

让孩子成为值得尊敬的人，让他有能力获得更多的尊重和认同，教育才更有价值。不要因为赚钱失去与孩子谈心的机会，不要为了让孩子过舒适的生活而让孩子失去对父母的尊敬。

父母能否用心陪着孩子谈心，给他想要获得的“珍贵”礼物呢？

当父母引导孩子看到金钱之外的快乐，让孩子体会到快乐不仅仅限于外在物质，而是能够由内在自然生成，这种不依赖、不受限于外界物质的快乐，将成为孩子取之不尽的自由和快乐的源泉，也正是孩子未来真正自信的来源。

02

第二堂课

The Second Class

剥开爱中的伤害

那些经年累月的伤害，
它们交织在我爱的血肉中，
我用时间和灵魂最深处的恳求，
请你，为它们送行。

第一节

情绪是精神边界的外在呈现

一、如何看待孩子的情绪

伤害之所以会偷偷藏匿在父母给孩子的爱中，是因为父母混淆或者忽略了彼此的精神边界。因此，要改变这种伤害模式，最重要的一点就是划分彼此的精神边界。

精神边界的各种心理活动，是伴随着人的各种情绪和行为表现出来的。当一个孩子内在有足够的安全感时，情绪是愉悦的，行为上就会表现出愿意配合和体谅的态度；当他没有足够的安全感时，会出现不舒服的情绪，并通过各种负向行为表现出来。

所以，父母想要了解孩子内在精神世界的变化，首先要认识孩子的情绪和行为。

如何看待孩子的情绪呢？对于情绪，是否可以像色彩的基础颜色一样，也能找出它的基础情绪？

我的理解是，一个人年龄越小感受越单纯，年龄越大感受越复杂，不同的经历和周边的引导模式，会导致他产生不同的内在经验，随着年龄的增长，经验不断内化、沉淀，从而让他的感受变得更加复杂。

一个孩子与生俱来的两种感受就是爱和恐惧。

即便是婴儿在看到妈妈哭泣时，也会掉转头去看妈妈，想用眼神去安慰妈妈，这是人天生就带有的爱意，每个孩子生来就有帮助他人的美好愿望；婴儿在出生时，身体和环境发生巨大变化，给他带来与生俱来的恐惧。人的一生就是在不断地调整和平衡这两种感受。因为爱，孩子得到满足，因此会互助；因为恐惧，孩子缺乏安全感，因此会防御甚至攻击。

孩子长到10个月左右，开始具有一定思考能力的时候，他的情绪开始演变为四种基本状态：喜、怒、哀、惧。对于几岁的孩子来说，他的情绪一般都逃不出这四种。当孩子渐渐长大，他的这四种基本情绪会出现不同程度的划分，比如：

“喜”包括了“快乐”“喜悦”“高兴”“惊喜”“狂喜”等；

“怒”包括了“不高兴”“生气”“嗔怒”“大怒”“狂怒”等；

“哀”包括了“难过”“悲哀”“忧伤”“悲痛”等；

“惧”包括了“害怕”“担心”等。

成人后，在这四种基本情绪中夹杂各种思想认知，交错组成很多其他的感受，如无奈、委屈、挫败、无助、无聊、嫉妒、憎恨、厌恶等。

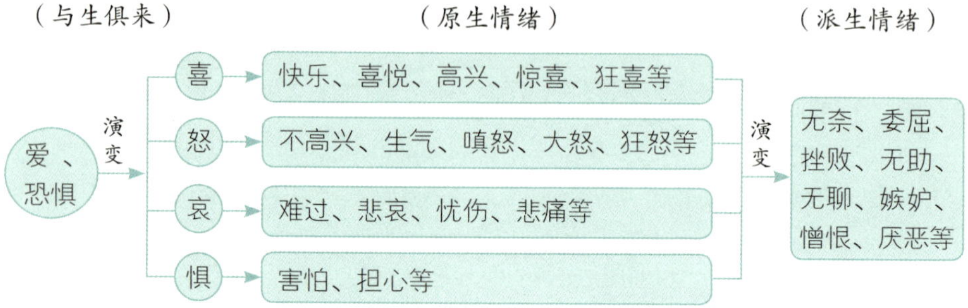

二、情绪的良性作用

在成长的过程中，我们大多被教导“情绪无用论”：情绪如洪水猛兽，情绪会让人失去理性而做出很多错误的事情。我们的周边充斥着大量的对情绪的负面评论。甚至在医学上也有这么一种观点，认为负面的情绪对身体健康影响非常大。那么，怎样正确地认知情绪，从而更好地了解自我和他人呢？

事实上，并不是情绪本身伤人，而是认知和解决情绪的行为伤人。也就是说，情绪和情绪的表现方式（行为）要区别来看，这是最容易搞混淆的两个概念。

一个孩子在学校被打了，他同样还手打人了。这个过程中，他被打之后愤怒的情绪是没有错的，可采用何种方式来解决自己的愤怒，是有对错的。

我们常把愤怒的情绪和大声喊叫、打人这样一些行为表现混在一起；还常常会觉得孩子在不恰当的时间哭泣，因此告诉他“不要难过”。实际上，哭泣只是难过的一种表现方式，并不能和“难过”这种情绪等同。我们理解孩子失去一件心爱的物品而难过，但是难以接受过于夸张的行为。

如果父母没有分清楚这两点，在处理孩子的行为时，会让孩子感觉到父母否定了他们的情绪和感受，进而用不恰当的方式来进行防卫。

情绪的本身没有错，关键在于用什么样的方式来表达，情绪表达的方式是有对错的。当父母因为不同意孩子的行为，就一并否定了他的内在感受，那么孩子内在的被理解和接纳的安全感就会降低。

一切的存在都有它的道理，情绪也是如此，情绪在一定范围内存在，对我们是非常有意义的。

下面让我们一起来重新客观地看待情绪，学习如何通过情绪了解孩子的内在世界。

1. 关于“喜”

大概每个人都愿意接受“喜”的情绪，人的一生都在追求幸福、快乐的感觉。

喜悦是一种主动的能量，让孩子自然而然地愿意主动学习和做事。

孩子在学习中如果感受到喜悦，他就会愿意学习；他在与人交往的过程中如果感觉到喜悦，他就会愿意交朋友；他在唱歌的时候如果感觉到喜悦，他就会更喜欢唱歌。

所以，如果父母想要让孩子愿意做什么，首先要让他在做这件事情的时候感觉到喜悦。

一个孩子弹钢琴，因为累了不想弹了，爸爸妈妈如果在旁边说："你不弹也要弹！"孩子这时很难谈得上快乐，甚至在感到疲惫的基础上又增加了不被理解的感受，还可能对钢琴产生排斥心理。

要让孩子有坚持力，父母就要想办法让他快乐地坚持，这样孩子的主动性会更强。

喜悦还是一种分享的能量。

拥有喜悦心情的孩子，他心里的爱会自然流露出来。

人在高兴的时候，会感觉到满足。在这种满足的状态下，会非常愿意把自己的快乐与他人分享，并且帮助他人。

整天愁眉苦脸、满腹心事的人，会沉溺在自我的问题中，很难有精力去考虑他人和外在的因素，比如学习、玩耍、竞赛等。

然而，喜悦并不是头脑要求就可以得到的，"经常笑"不代表喜悦，"笑"只是一个行为，行为可能会伪装。一个孩子只有在感受到安全和内在需求得到满足的情况下，才会感觉到快乐，快乐能够让他的爱自然流露。

2. 关于"怒"

愤怒是内在隐形人保护自己尊严和界限的能量。

一个没有愤怒情绪的人，在生活中总是感觉到被人逼来逼去。直到被逼到角落无处退让，依然没有能力改变被别人逼迫的命运。

这时，与其抱怨别人不断逼迫自己，不如问问自己——我有没有保护自己的能力；我有没有在退让第二步或第三步的时候，停下来告诉对方："对不起，我不能再退让了，这是我的底线。"

没有愤怒情绪的人就没有拒绝的能量。

实际上，很多时候并不是别人在逼他，而是别人不知道他的底线是什么。

孩子也是一样，如果在家里父母不允许他表达愤怒，很可能他在外面更加不敢愤怒，长此以往，当他遇到一些不良情况的时候（如面对社会不良青年利诱或者逼迫），就没有拒绝和自我保护的能力。这是父母们绝不想看到的。

另外，表达不出愤怒的孩子，往往很容易表现出恐惧。

如果孩子过于乖巧、听话和懂事，我们也需要看看孩子是不是还拥有为自己争取的愤怒力量。

对于每个人来说，适当的愤怒是必要的，允许彼此存在愤怒的感受，但要注意调整愤怒的表现方式。

孩子在感觉自己的尊严和内在需要被侵犯的时候，也会用愤怒来进行保护。

3. 关于“哀”

悲哀是结束的能量。

失去一样心爱的东西或者和亲近的人分离，孩子自然会产生悲哀的情绪，悲哀代表着曾经的一些经历就要结束和过去了。这是一种很好的告别经验，人只有告别了过去，才可能真正活在当下和未来。如果我们不懂这些，总是立刻切断种种悲哀的感觉，想要把它们忘记，结果只能将这种情结隐藏起来，直到碰到其他类似的事件，曾经的感觉又会加倍地重复出现，那些过去的情结会继续影响着我们现在和未来的生活。于是人的年龄越大，活得越沉重，因为背着太多过去的感伤和疼痛。

在各种关系当中，悲伤孕育了大量的慈悲和善良，它让人与人的心在需要帮助的时候一起跳动。

一个国家和团体如果没有悲伤，就没有凝聚力。汶川地震的时候，全世界都在关注，还有很多人自发去当地进行援助，原因就是悲恸。

同样，一个家庭如果没有悲伤，就没有彼此的支持，没有同理心，这个家庭的亲密度就不高。

孩子对父母说："我心爱的玩具丢在公园里了！"父母也许会对他说："哎呀，多大的事情，不要难过，再买一个就好！"孩子摔倒了，碰疼了，父母也许会对他说："不要哭！男子汉大丈夫不怕疼！""别哭，哭了就不可爱、不好看了！"

如果你是那个难过的孩子，你的感受是怎样的呢？你觉得自己被理解、被呵护、被帮助了吗？

当孩子感到悲伤和难过时，父母往往出于好心想帮助孩子大事化小、希望孩子快乐，但是做出来的结果，却让孩子觉得父母没有贴心地理解他的感受，或者觉得父母不愿意关心他、和他探讨这件事情，又或者认为父母根本就看不起、不愿意尊重他的感受。于是，孩子在生活中遇到难事，总是不敢轻易向父母倾诉，父母也就失去了了解孩子想法和需要的机会。

这样一来，父母越是想要帮助、支持孩子，孩子越是远离父母。

父母教导孩子："哭鼻子是小孩子做的事情，不许哭！"这就将孩子哭的行为和悲伤的情绪一并否认了。孩子会认为，难过和悲伤是一种不成熟的表现。于是在成长的过程中，他不仅不允许自己随意表现出难过，甚至不允许自己难过，导致情感慢慢僵化，缺乏同情心，难以产生感动的感受。

重新看待孩子的内在需要，允许他内在的隐形人呈现，给予适当的陪伴和体谅，孩子的内心就容易得到恢复。当孩子的悲伤被允许时，他的慈悲心就开始成长。人总是因为自己曾经痛过，才会更加疼惜他人。

悲哀还是一种助人深度思考的能量。

我发现，那些整天嘻嘻哈哈的人，很难在某种领域研究得非常深入。而那些高级知识分子、政府管理人员以及企业的行政、技术高管，往往性格中都会带着某种淡淡的忧思。甚至那些抑郁症和狂躁症患者，他们在某些方面的感知比一般人都更加深入。

悲悯之心让人具有深度思考的能力。他可以停在这个感觉中，去寻找伤痛的根源，找到解决问题的钥匙。

4. 关于“惧”

很多人不敢说自己胆小、害怕或表达自己的恐惧，对于父亲这个角色来说，更是如此；同时父母也不允许孩子表达他的恐惧，以为恐惧一出现，勇敢就没有了。

其实，当父母不敢承认自己的恐惧时，说明他们自己连恐惧本身都惧怕。

一个胎儿还在母体中时，从最早的受精卵开始，就生活在没有光线、黑暗的地方，到处充满了温暖的羊水，羊水轻抚着身体的每一寸肌肤。胎儿几乎不用努力，不用哭闹，不用表达，就会有大量的营养通过胎盘传递到身体，存在就是幸福的。

突然有一天，天摇地晃，胎儿身体的周围不停地发生抽动，伴随着各种说话声、叫喊声，周边温暖的羊水慢慢减少。在不断地挤压中，胎儿来到一个陌生的环境。

那些时刻都轻轻抚摩着自己的温暖羊水消失了，肌肤完全裸露在外面；然后是莫名其妙的光亮，还有许多未知的东西在眼前晃来晃去……

你可以想象出这种危险而又恐惧的感觉吗？

当你正在安静地阅读这本书的时候，突然停电了，紧接着天崩地裂，你整个人被甩来甩去，眼睛看不到东西，不知道发生了什么，完全无法控制自己的身体（就如同地震期间）。连续这样12个小时，然后突然天亮了，你发现自己在一个陌生的星球，周边全是各种长相奇特的外星人，他们不断追逐你，还用器物弄疼你，此刻，你的感受会是怎样的？

这两种感觉区别并不大。

当胎儿离开母亲的身体，与生俱来的最大恐惧就产生了，这种巨大的恐惧感被保留在胎儿的潜意识当中。以后胎儿在长大成人的过程中，对种种事件的恐惧都可以在这一次的经历中找到投射。

一个人说自己没有恐惧是不可能的。恐惧是内在隐形人用来保护自己的安全边界的能量。

汶川地震的时候，我接到邀请到四川做心理援助工作。有当地工作人员见到我的时候说："马老师，你终于来了，赶快把我们的恐惧去掉吧，我们天天坐在这儿心里都感觉椅子在晃，太可怕了！"于是，我问他们："你们是不是真的希望我把你们的恐惧去掉？现在还在地震期间，如果你们的恐惧完全没有了，地震来临的时候，你们还跑不跑？”

当一个人完全没有了恐惧，他对于危险的感知就会减弱，自然就缺乏了自我保护的能力。因为恐惧，所以才产生了勇气。适当的恐惧可以让我们跑得更快。非洲羚羊跑得飞快，因为它一睁眼就想到狮子要吃它，于是就会努力地往前奔跑。

“知耻而后勇”是中国的古文化，耻辱感本身同样也包含着对某种社会道德规范的尊敬和畏惧。

对大自然的力量保持敬畏，人类才可能更好地保护生存的资源。一个没有敬畏之心的人，天不怕地不怕，就会做出很多伤人伤己的事情。敬天、敬地、敬鬼神，通过敬畏，我们才可以更谨慎地看待自己的言行。

三、正确面对孩子的情绪

1. 情绪本身没有对错，情绪之后的表现行为才有对错

当有多种情绪同时参与时，有些事情才能够顺利进行。

比如，孩子参与各种竞赛游戏，在过程中有欢笑、紧张、担心等情绪，所有的情绪共同帮助孩子完成了整个竞赛。

但是，我们往往记住了开心的感觉，而忽略了其他情绪对我们的帮助。

从现在开始，重新来看待情绪，情绪在每一种状况中的产生都有它存在的价值，在一定范围之内，它会给我们各种帮助，给予我们力量或保护，并警醒我们。就如同乐观的人，发明了“飞机”；而悲观的人，发明了“降落伞”。

任何原始的感受都没有对错，只是孩子在成长的过程中，通过与周围环境的互动，慢慢学会通过不同的行为来解决自己的问题。

弟弟把哥哥的作业本偷偷撕毁了。

经过了解，原来，哥哥的学习成绩比较好，父母总是夸奖哥哥，而弟弟因此总是沦落为被批评和打击的对象。所以，弟弟出于嫉妒，把哥哥的作业本偷偷撕毁了。

点评

弟弟的行为伤害了哥哥，但是行为背后，他的感受是什么呢？

恐惧，害怕因为哥哥的优秀，而失去父母的关爱。

一个孩子需要父母的关爱没有错，恐惧本身也没有错，只是他采用了不恰当的方式来满足自己。

父母如果理解孩子需要被认同的心，给予他想要的尊重，然后调整他的行为，就可以让双方都得到满足，既解决了问题，又加深了感情。

并不是说坏孩子才会有让人不理解的行为，好孩子就一定不会有让人不理解的举动。也许还没有出现异常行为的好孩子，已经在承受种种情绪、感受，只是没有表现出来而已。那些出现了异常行为的孩子，也并不代表他们完全变坏了，只是他们的内在出现了不安全感而已。

从这个概念上说，人性本不是恶的。

我们可以重新看待孩子的很多行为模式——每一个行为的背

后，都有一个没有错的内在心理需要。

行为有对错，人没有对错，情感没有对错。没有问题孩子，只有孩子的问题行为。

所有不恰当的行为背后，都存在着一些恐惧或者伤害的来源，找到彼此的情绪根源，才有办法找到恰当的方式来解决问题。

2. 情绪的自然通过有修复的作用

情绪需要自然通过，这个过程是具有修复作用的。就像是一个人的皮肤受了伤，我们会给它时间来进行修复；而内在隐形人很受伤的时候，我们却往往希望它立刻就好，不给它修复的机会和时间。

情绪本身对行为的影响并不是绝对的，可怕的是，如果周围环境不认同、不许可，情绪之外又会产生一层层担心、恐惧和焦虑，让原有问题不断选择性吸收类似感受，最后会因缺乏客观判断力而再次让情绪加重，让问题变得难以解决。

在这个过程中，父母不但没有帮助孩子对内在隐形人的伤口进行消毒和包扎，而且不允许伤口自动复原，甚至还拿着层层的布和盔甲把它裹起来、藏起来。父母不知道，即便暂时看不到问题了，这也只不过是掩耳盗铃，最容易让伤口在里面溃烂，然后造成更大的损失——截肢、感染甚至危及生命。

孩子在受到伤害的时候，如果没有及时让不良情绪顺利通过，长此以往，孩子将会失去获取快乐的能力。

生活中，很多成人都是这样的：焦虑、烦躁，不快乐；或者快乐非常短暂，即便有成就却没有成就感、没有幸福感；或者觉得生活中的苦太多，甚至没完没了。

焦虑来源于对自我情绪的不自知，因而无法知道情绪之下的自我内在发生了什么问题。

快乐让我们知道自己要的是什么，不快乐让我们有机会了解自己不想要什么，从而得知自己想要的是什么。这就是“菩提烦恼本一体”。

因此，父母不必因为孩子的情绪表现而变得过于慌张。重新看待孩子情绪的起伏，这是父母走进孩子内心世界的良好机会。通过这个机会，父母引导孩子学习，学会如何通过情绪这把钥匙来了解和整理他的内在世界。

在孩子情绪起伏的时候，父母给予孩子最好的“治疗”，就是爱、理解、陪伴和支持。

第二节

通过有形行为看到无形内在

我们看不到风，可是当风铃不断地响起来，就可以感受到风的存在。

内在的各种心理活动伴随着各种情绪表现出来，虽然情绪是无形的，我们无法触摸到它的存在，但情绪的变化会通过外在有形的行为表现出来。

孩子身体的健康状况，可以通过他的外在体表特征看出。如果缺乏营养，可能导致身体的变化，如体弱多病、个头矮小、面黄肌瘦，甚至出现肌体病症。

有形的身体会生病，隐形的身体也会生病，这在心理学上被称为“心理感冒”，他会通过各种异常行为表现出来。

内在精神隐形人的成长，如果安全感和爱的“营养素”足够，孩子就会表现出满足和喜悦，愿意为自己和他人努力；如果缺乏关注和“营养素”，孩子就会出现各种消极的情绪，然后导致各种行为变化，比如，哭闹、胆怯、注意力不集中、厌学、各种成瘾行为（包括网瘾、药瘾、赌瘾、性关系成瘾等）、叛逆、暴力行为、人际障碍、抑郁等。

通过孩子的这些行为表现，父母有机会去触摸孩子内在的精神世界。因此，客观了解孩子的行为表现非常重要。

要使孩子的内在和外在同时健康成长，父母就必须通过有形的事件和行为对这些无形的感受进行分类、分析，最终找出相应的应对方法。

一、为什么要学习事件描述

1. 把问题具体化

很多时候，父母的谈话引导模式都是基于主观判断的产物，这些模糊的概念掩盖了真实、具体的问题。如果问题本身都不是具体的，怎么谈得上去解决呢？

比如以下几种不恰当的表达方式：

“我的孩子注意力从来都不集中。”

——孩子是否真的所有时候都注意力不集中？还是在某些情况下注意力不集中？他有没有注意力集中的时候？你到底想说的是什么样的事情让你感觉到他注意力不集中，让你担心了呢？

“她从来就不会体贴人！”

——她是否真的从来就没有关心过你？还是在某些时候，她的关心你没有收到，或者她关心你的方式让你感到不舒服？还是在你需要帮助的时候，她没有及时给予你？

“他很暴力！”

——什么叫作暴力？是动手打了人，用粗话骂了人，还是严重地批评了人？是突发事件还是每天若干次？每个人对暴力的界定范围都不同，你又是凭借什么客观事件来界定“暴力”的呢？

看到这里，有很多读者也许明白了。

当身体出现了发烧、感冒症状时，周围的人大多会说：“要爱护身体，记得看医生。”可是当孩子“心理感冒”时，大部分的父母会严厉地对孩子说：“你怎么又这个样子！”随意下定义、贴标签，不仅使得问题难以被探讨，也让那个“生病”的孩子更加孤单。

在孩子“心理感冒”的时候，父母应多给他陪伴、理解、支持，允许他有时间修复。

2. 让彼此更加清楚谈论的内容

正确、客观的描述可以让沟通的两个人脑海中出现相同的图像，让双方更好地了解自己在谈论的内容。

如果我们的叙述都是自己的主观评论，那么在每个人头脑中出现的图像就是不同的。

还记得盲人摸象的故事吗？如果对自己所看到的内容直接下定义，很可能出现鸡同鸭讲的情况，无法让谈话继续下去。只有把真实状况描述出来，以一种开放的心态进行探讨，沟通才可以更加深入。

妈妈：“对面的黄薇薇真是个懂事的好孩子。”

儿子：“她懂事？才怪！”

妈妈：“她本来就很懂事，你听我这样说嫉妒了吧？”

儿子：“我嫉妒她？有没有搞错！”

…………

点评

这种结果是怎样产生的呢？

“懂事”是一个主观描述词，当妈妈用“懂事”来形容的时候，她的头脑中出现的图像是：黄薇薇在楼下看到奶奶买了很多菜，主动帮奶奶拿菜。而儿子头脑中的图像是：黄薇薇经常不带学习工具，还总是向我借。

两个人对于黄薇薇懂事与否的讨论，各自脑海中出现的图像不一样，怎么可能达成一致呢？

在沟通的时候，如果感觉讲了半天都是鸡同鸭讲，说也说不明白，或许不见得是别人理解的问题，可能是你的表达描述不够清楚。

所以，如果没有行为描述，只有各自的主观评论，沟通就容易出现断层；如果行为描述得好，就会省去很多不必要的争论和误解。

很多谈话都是这样被莫名其妙地转了弯，最后不知道要说什么了。

“你从来都不听话！”

“你就是这样故意让我伤心的！”

“我就知道你是不愿意学好的！”

我们看看在这些话当中，孩子真的能够了解父母在说他什么地方做错了吗？什么叫作听话？是所有的事情都要得到父母允许吗？

所以说，下了定义的话语，很难让对方愿意继续真诚对话，也可能让自己失去了解事情真相的机会。

二、如何进行事件描述

事件的描述是对客观事物的客观描述，只包括我们眼睛看得见的、耳朵听得到的、双手触摸得到的，尽可能去掉那些形容词、副词。感受和情绪、思想等都属于主观性的认知，不在行为描述范围内。

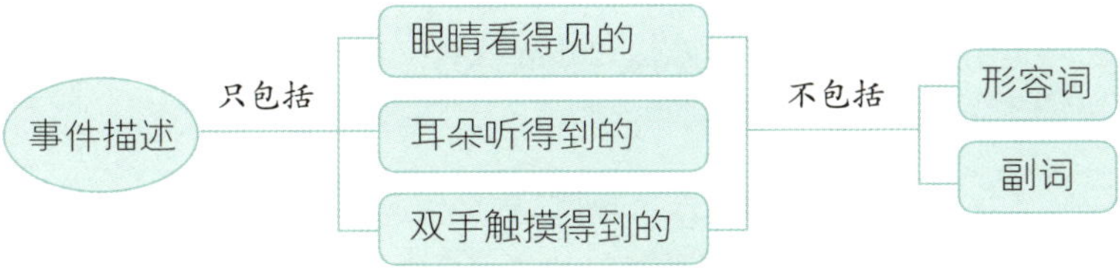

比如，你看到自己的孩子和邻居的孩子争玩具，自己的孩子把对方的玩具拿走了，玩具的小主人哭了。你会怎么处理？或许最常说的是："你怎么这么喜欢抢别人的东西？"

而也许事实的真相是：玩具的小主人本来决定把这个玩具送给你的小孩，后来又改变决定了，可你的孩子认为既然送给他礼物，就应该说话算话，于是把玩具抢了过来。

所以，当父母使用的语言不是客观事实，而是主观判断，结果会让父母失去了解事实真相的机会，而这又会给孩子什么感觉呢？

这个事件中的行为描述是："我看见你们两个在争抢玩具……"

有效谈话的基本要点在于事件描述的能力（不轻易下定义）。事件描述是为了让我们知道，在这个过程中都发生了什么，我做了什么、说了什么；对方做了什么、说了什么，然后发生了什么。这样，才有可能探讨具体事件如何解决。

练习

请尝试判断下列语句哪些是行为描述，哪些是判断或自我总结。

（1）小明把东西扔得到处都是。

（2）他让我感觉很受伤！

（3）他微笑着对我说："我爱你！"

（4）她生气了。

（5）他总是不顾别人，只管自己。

（6）他穿好自己的衣服和鞋子就出门了。

（7）老公今天为了孩子的事情把我大骂了一顿，态度极其恶劣。

（8）我握着她的手，她的手有些颤抖。

（9）他特别喜欢不把学校的规定当回事。

（10）他垂着头站在我面前，对我说："妈妈，我失败了！"

参考答案

（1）小明是怎么样把东西扔得到处都是的？是在他自己的房间还是在客厅，是在桌台上还是地板上？是哪些东西被扔到这些地方了？所以，这不是一个客观描述的完整说法！

（2）这是一个明显的个人感受，而非客观事件描述！他做了什么

（客观事件描述）让你有了这种感觉呢？加上客观事件描述，也许探讨的可能性会大很多！

（3）他的微笑我看得到，“我爱你”我也听得到，所以这是一个行为描述。

（4）是因为看到什么或者听到什么她生气了？她是紧皱眉头还是摔打东西，还是一句话也没有说？后者才是行为描述。

（5）你是通过他的什么行为认为他是一个“不顾别人，只管自己”的人？他是有好吃的不和别人分享吗？每次都是这样，还是对个别他特别喜欢的事物才是这样？还是对于你说的话不愿意听？那么你又是因为前面发生了一些什么样的事情，然后对他说了一些什么样的话，他又说了什么话呢？这些才是行为描述。

（6）这是一个非常明显的行为描述。

（7）“极其恶劣”是形容词，它的形容程度到底有多大？每个人使用形容词和副词所表达的程度都不同，那么你的“大骂”和“极其”代表什么？这不是行为描述！

（8）这是一个行为描述，“我握着她的手”是我的行为，“她的手有些颤抖”是我的身体能够触摸得到的真实情况。

（9）是他特别喜欢这样做，还是他有时的行为会触碰学校的规定？触碰学校规定的程度如何？凡是学校规定都触碰，还是某些规定才会违背？哪些规定他会违背？他具体是怎么做的呢？这才是典型的下定义！

（10）这是一个行为描述，看到他垂着头，听到他说话。

第三节

划分彼此的精神边界

一个人痛苦，往往是因为背负了不属于自己的情感和责任，或者没有背负自己应该背负的情感和责任。

要让孩子和父母同时获得幸福，必须划分清楚彼此的精神边界，这样才有机会让每个人面对自己应该面对的未来。结合前面练习的客观事件和内在精神世界的认知，现在来了解怎样划分彼此的精神边界。

一天当中发生的一件件行为事件组成了我们的生活。把这些事件进行分类，然后针对不同种类的事件采用不同的解决方法。

如前所述，当一个人有足够的安全感时，他是愉悦的、满足的，他的感受将是喜悦、平静和惬意。因此，某个事件中当一个人对对方行为的内在感受是喜悦、平静或惬意时，说明对方的行为产生的时候，他在安全区。

当一个人安全感不足时，他会出现生气、愤怒、无助、委屈、心烦、难过等负面情绪。因此，一个人对对方的行为感到愤怒、无助、委屈、心烦、难过、害怕时，亦即他的精神边界被触碰了。

也就是说，当一个人的情绪处于快乐或者安静的状态时，这是他的安全共享地带；当他的情绪处于任何一种非喜悦类状态时，他需要建立适当的精神边界来帮助自己，让自己在这个边界内更好地照顾自己，为自己负责。

简单来说，通过孩子和父母的情绪感受，把发生的事件进行划分，这样就可以知道：在哪些事情上需要考虑孩子的精神边界；在哪些事情上需要维护自己的精神边界，为自己的精神边界进行协商。

当孩子有了怒、哀、惧或者其他非喜悦类情绪时，父母要知道，这说明孩子有需要没有得到满足，他需要解决这个没有得到满足的需要，所以孩子在问题区域。

当父母有了某种怒、哀、惧或者其他非喜悦类情绪的时候，说明父母的内在需要有待满足，所以父母自己在问题区域。

有时我们也把彼此的精神边界区域称为“问题区域”。即当一个人的不安全感产生时，说明他的内在有一些问题需要解决。简单来说，事情属于这个人的问题区域。

要注意，这一点和以往的亲子谈话方式不同。在以往，是谁引起了问题或者我们认为谁需要改变行为，或者认为谁做错了，问题就属于谁。比如，孩子玩过的玩具散落一地没有收拾，你可能会说：“这个孩子真有问题，自己的东西乱放！”意思是说他的行为不对，需要改变。

然而，家庭中很多的事情很难分谁对谁错，每个人的价值观都不同，甚至我们每个阶段的价值观也不同。在这种情况下，当我们不停地争论谁对谁错的时候，往往是就事论事，却忽略了每个人最深处的情感需求。

所以，本书中谈到的问题区域划分，并不以认知中的对错为划分标准，而是以人的精神边界为划分标准。

当我不舒服、我在问题区域的时候，并不意味着就是我错了、对方的行为就不需要改变；同样，当对方在问题区域的时候，并不意味着是他错了。在一个家庭中，没有绝对的谁对谁错，重要的是谁需要帮助。我们先不去看谁对谁错，而是看谁需要帮助。

根据这个标准，把父母和孩子之间发生的所有事件行为通过下表进行彼此问题区域的划分。

问题区域	区域描述	区域划分	问题图
1	孩子遇到了困难	孩子在问题区域	
2	父母对孩子的行为感觉到不满	父母在问题区域	
3	孩子和父母的需求发生了直接冲突	父母和孩子都在问题区域	
4	双方相处无事，关系非常愉快	父母和孩子都在舒适区域	

可以看到，我们所要做的事情就是：减小第1、2、3问题区域的范围，增大第4区域的范围，这样，家庭可以更加和睦、充满爱和安全感。

在各自的精神边界领域内：第一，每个人都有感受自己内在的权利，拥有对自己思想、感受和情绪的认知和管理权，旁人需要予以尊重；第二，每个人都要为自己的思想、感受和认知、行为负责任。

所以，精神边界的划分就是：

（1）谁在事件中有不舒服的感觉，说明谁的内在隐形人有问题需要解决，谁就在问题区域。

（2）谁有不舒服的感觉，谁就为自己精神边界内的问题负责，他人只是协助的角色。

中国有句古话叫“欲取之，必先予之”，当父母能够更好地帮助孩子解决问题，孩子对父母的信任度就会提升，同时父母越能理解孩子的问题，孩子越愿意把他的问题和父母分享，父母引导和帮助孩子的效果会越好。

父母首先要学会如何帮助孩子解决他的问题，孩子才有机会在父母的支持下，更加清楚在自己身上发生了什么，然后更好地认知自己的情绪、发生事件的状况以及自己解决这个问题的能力。

如果孩子在问题区域，那么属于孩子精神边界内的事情，父母不具有主观责任，也不具有替代选择权，父母所要做的就是协助解决。把孩子的问题主动权还给他，然后学习用适当的方式协助他成为自己的责任者。

孩子安全感差，精神边界防卫过于森严，那么父母要学习用合适的方法帮助他减少防御；孩子依赖性很强，自我的精神边界不够，那么父母需要协助他建立良好的精神边界，培养他独立的人格，让他明白该为自己做什么，同时能为别人做什么。

下面来做练习，看看应该如何划分这些事件的区域。

练习

（1）小孩说："我真不知道学习是为了什么！"

（2）女儿说她不喜欢和哥哥一起过周末。

（3）小孩在玩的时候，常将玩具散落在客厅搞得满地都是，并且不捡拾整理。

（4）学弹钢琴的小孩要求你听一听他弹奏的乐曲。

（5）小孩没有按时回家，耽误了去少年宫练习钢琴的时间。不管是否练习，都得付费。

（6）小孩怕黑，每晚都钻进父母的被窝。

（7）女儿常常起床很晚，担心上学迟到，要求你开车送她。

（8）在家庭中，常讨论时事及社会热点话题，如党的十九大会议、选秀比赛等。

（9）孩子带回家的考卷分数是80分。家长会上父母被老师点名，老师说孩子的成绩很差，父母才知道孩子将试卷成绩涂改了。

（10）吃饭的时候，孩子给妈妈夹了个鸡腿。

参考答案

（1）非常明显，孩子对学习的目的产生了困扰，所以他在问题区域。

（2）“不喜欢”已经表明孩子有不舒服的感觉了，所以是孩子在问题区域。

（3）再次说明，不以行为的对错为界限，而以内心的感受为界限。孩子玩得很开心，但是大人不开心了，所以是大人在问题区域。

（4）孩子先进入问题区域，“要求”是很明显的问题区域代名词，说明他需要你听他弹奏。

（5）很明显，父母对于孩子没有按时练琴又浪费了钱感到不满意了，所以是父母在问题区域。

（6）“怕”说明孩子已经在问题区域了。

（7）女儿要求你送她，因为担心迟到，所以她已经在问题区域了。如果这时你对这个要求不满意，那么你也同时在问题区域，也就是说双方在问题区域。

（8）双方在舒适区域。

（9）这道题和第5题乍看很像，其实有区别。孩子改试卷在前，任何孩子的不恰当行为背后都有原因，这个不恰当的行为说明孩子的心里已经有了负向感受了——“害怕”，是的，孩子害怕才会涂改试卷！所以，孩子已经在问题区域了。然后父母在家长会上被老师点名，父母心里也有了不舒服的感觉，所以父母也在问题区域。

如果只能看到父母的不舒服，看不到孩子的感受，那么就要多花点时间来了解对方了。

（10）双方在舒适区域。

03

第三堂课

The Third Class

帮助孩子找到问题根源——陪伴式聆听

本堂课属于“孩子在问题区域”

当你碰触我的真实，我的慌乱开始安静；
当你接受我的脆弱，我的内在变得坚强；
当下，你让我和自己在一起。

第一节

不恰当的协助模式

一个人逐渐成熟的过程，就是慢慢探寻“我是谁，发生了什么使我这样，怎样做可以去到我想去的地方”的过程。

接下来的四堂课将探讨：当孩子在问题区域时，如何协助孩子进行人生定位；如何帮助孩子解决问题、渡过难关；如何培养孩子自我认知和自我管理的能力；如何培养和推进双方的共同目标。

本堂课的技巧部分，让父母在帮助孩子舒缓情绪的同时，带领孩子了解自我情绪之下“发生了什么使我这样”。

我们都很熟悉美国总统华盛顿的故事：

华盛顿小的时候，用小斧头把爸爸心爱的一棵樱桃树砍倒了。爸爸发现樱桃树被砍后大发雷霆，询问是谁砍了树。华盛顿虽然很害怕，但他还是将实情告诉了爸爸。没有想到，爸爸没有责骂他，而是蹲下来抱住了他，赞赏他的诚实和勇敢。故事的结尾说：华盛顿由于从小就敢于说实话，长大以后成为一个诚实、敢于担当的领袖。

今天再来看这个故事，我想对大家说的是：父母除了教育孩子学习华盛顿的诚实之外，其实自己更应该学习华盛顿的父亲。

试想一下，如果华盛顿的父亲把他狠狠批评一顿或者暴打一顿，又会有什么样的结果呢？

孩子往往会自觉或不自觉地呈现出他的欲望、认知和感受，没有一个孩子是天生完美的，没有一个孩子天生不会犯错。在出现不完美和犯错之后，父母不同的应对模式才是导致孩子不同行为结果的主要原因。

在学习技巧之前，让我们先用一个生活案例来分析以往父母对孩子的主要应对模式并思考是否有需要改进的地方。

一个幼儿园的孩子某天上学前说：“妈妈，我不想去上学了！我害怕！”

通过前面的探讨我们已经了解，当孩子表明“担心”的时候，说明他的内心出现了某种困惑并需要得到解决。我总结了一下父母的反应方式，大概有以下八种：

序号	表述	反应方式
1	不上学怎么能行呢？不上学将来没有前途的！你看那些不上学的孩子将来就没有工作！上学既可以学到知识，又可以交到好朋友，当然要上学了！	分析式
2	你要是好好上学，今天放学爸爸就带你去买好吃的！	转移式

（续表）

序号	表述	反应方式
3	上个学没什么好怕的，没事！	否定式
4	宝宝很乖的，天天都按时上学，今天也一样，是吧！	赞美式
5	为什么不上学呢？	询问式
6	不想上就别上了吧！	体谅式
7	废话少说，赶快去上学！	命令式
8	不上学是不可能的！你不上学就别想周末和爸爸去郊游！	威胁式

下面我们来逐个分析每种方式的利与弊，保留有利于关系引导的部分，调整不利于关系引导的部分。

1. 分析式

关爱孩子的父母们，这种方式用得最多。

孩子没有多少社会经验，需要父母用自己的经验来引导。不过，父母的传统表达方式很容易让孩子感觉到“爸爸妈妈总是在说他们想说的话，为什么就不听听我在说什么”，或者“他们根本不知道我在想什么，就知道拿大道理来压我”。

分析式表达还容易传递一个信息，就是：“我比你知道得多！”“我比你更清楚这个问题。”“你要按照我说的来做，你自己不行！”

生活中常见的是，孩子一句话还没有说完，父母就开始分析了，尽管父母的语气是平和的、表情是柔和的，父母很可能把这种方式误认为是一种民主。但实际上不打不骂不一定是民主，关键是要给孩子好好说话的机会，要能听懂隐藏在孩子话语之下的深层心理需要。

帮助孩子分析问题，首先要知道他的问题是什么。许多父母往往听风就是雨，没有找到孩子真正的问题就开始分析了。孩子心里想："这不是我要的！即便你是大人，我必须坐在这里听，但是你说的都没有用！"

如果父母的分析后面再暗藏着"如果你不接受我的分析，我就很生气"，那么，这种分析就变成了隐性的命令，整个过程其实是一种伪装的民主。

孩子们需要父母的经验，但是父母先要用合适的方法找到孩子的问题，再对症下药！

2. 转移式和否定式

动画片《大耳朵图图》中有这样一个情节：

图图生病了，妈妈带他去医院打针，图图害怕地哭了。护士阿姨笑眯眯地对着图图说："不哭，乖孩子，一点也不疼！"边说着就边把针打了，然后问图图："是不是不疼？"图图伤心地大哭。妈妈在旁边不停地说："图图，打完针妈妈带你去吃冰激凌！"护士阿姨却突然变了脸色说："是不是还要再打一针啊！"图图吓得一声也不敢吭了。到了下次打针又是这样的一个过程。渐渐地，图图为了让自己好受一点，在打针的时候，他拼命地去想冰激凌……

这是一个看起来令人发笑的故事，然而在这个故事中却有着一些发人深省的问题。

护士阿姨不断用否定式表达否认图图的疼痛感，让图图感觉自己的疼痛感是不应该存在的。生活中也常见这样的事例：孩子摔了一跤，哭了，父母会说："不疼，没事！""男子汉大丈夫不能哭鼻子！"孩子端着热水洒了，烫到手了，已经红了一大片了，父母说："没事没事！根本没事！"到商场逛街，孩子说不喜欢妈妈挑选的衣服颜色，妈妈说："谁说不好看，很好看的！穿上！"这些都是生活中常见的否定式表达，爸爸妈妈总是想让孩子不舒服的感觉快点过去，或者把自己最好的经验传授给孩子，结果导致孩子越来越不快乐。

还有，父母给了孩子太多的"不行""不可以""不能"，如果孩子不听，就开始批评孩子"错了"，这种做法同样是在否定孩子的各种思维认知。那些不断被否定的感觉，让孩子感觉到自己"一错再错"。再加上情绪管理能力有限，孩子会很容易钻牛角尖，从而造成精神上的抑郁和人际交往障碍。

在这个故事中，图图的妈妈还不断地对图图说："打完针妈妈带你去吃冰激凌！"生活中也经常听到这样的话："只要不哭了，妈妈就给你糖吃……"这种转移注意力的方法，只可以偶尔用来暂缓孩子的情绪，但不能长期使用。

故事中的图图就这样自我感觉被否认，又被转移引导。所以，孩子如果长期被这样引导，以后只要出现类似打针的过程中的感觉（如疼痛、害怕），就会把注意力直接转向"冰激凌"，结果导致他想到的不是"我疼了""我怕了"，而是"我要吃冰激凌”。久而久之，孩子的自我认知就会遭到破坏，直面问题并做出正确反应的能力也会被削弱。

很多成年人在焦虑的时候愿意去购物、狂吃等，这就是一种转移的表现。往往他们小时候被对待的方式就是：“只要你不哭，妈妈就给你买好东西，带你吃好吃的！”于是，只要有不舒服的感觉，他们立刻会想到去买东西或者去吃东西。

亲爱的父母们，让我们一起来了解孩子的真实情况吧！很多时候，父母并没有自己想象的那么了解孩子！

3. 赞美式

赏识教育是非常必要的，心理学表明一个孩子要获得三千次以上的赞美，才会有自信的基础。因此恰当运用赏识会收获良好的效果。

然而，任何事情物极必反，赏识过头或不恰当运用赏识也容易出问题。

举个例子，孩子从外面回来大声地对你说：“爸爸（妈妈），今天绘画比赛我得了全班第一名！”你的感觉如何？一定很高兴。这个时候来句赞美：“孩子，你真棒，我一直都相信你能做得很好。”这时，孩子的感觉如何？有没有效果？当然有！孩子收到了父母对他的赞美！

过了一段时间，孩子回到家垂头丧气地说：“我都不知道这个班长该怎么当了！我们班的那个副班长和体育委员两个合伙和我对着干。好烦哎！”然而，这个时候你再用赞赏的语气对他说：“孩子，没问题的，我相信你是最棒的。你能搞定他们！”

感受一下，这时孩子会有什么样的感觉？舒服不舒服呢？

是的，他很可能感觉这样压力会更大！“我遇到这么大的事情，爸爸妈妈还不当回事，他们没法理解我！”更可能还会有一种感觉：“爸爸妈妈支持我的做法，我要和副班长他们对着干！”

孩子遇到困惑的时候，往往是他可以累积成长经验的最佳时机。如果父母简单用赞美和安慰来增强他的信心、排解他的情绪，却没有帮助他面对问题本身，就无法让陷入困境的孩子真实地看待自己的问题，不能深入地谈及他所遇到的麻烦，让他失去了成长的机会。

当孩子处于问题区域的时候，需要鼓励，但是鼓励也要用适当的方式。简单的赞美并不是鼓励，不恰当的赞美会产生更大的压力。当双方都处于舒适区域的时候，赞美的正向效果是非常明显的，而不恰当的赞美会让孩子的成长依赖大人的表扬。

4. 询问式

知道如何提问的父母，懂得如何去了解孩子的问题。解决问题之前，一定要先找到问题的根源。

有时，孩子只是想向你发发牢骚，并不是想谈论这个问题，如果直接询问会让孩子感觉到压力和被动。

比如，孩子说：“我这次考试没有考好！”妈妈回应：“那你为什么没有考好？”这是一种上级检阅下级的表达方式，妈妈把孩子的牢骚当成了工作汇报，而不是情感互动。

年龄小的孩子比较容易接受这种方式，因为他们的自我意识还不是非常强，对于他们来说父母就是强者。对于年龄大的孩子，这种方式就很容易引起对立："这是我的事情，为什么总要向你汇报，得到你的允许？"

因此，在面对孩子的情绪状态时要用合适的方式进行提问。先解决孩子的情绪和感受方面的问题，再恰当地进行询问，效果可能更好。

5. 体谅式

孩子不舒服的时候，父母没有意识到他的想法很可能是没有经过思考就说出来的牢骚，父母却替代解决。孩子往往就是这样被溺爱的。

"呜呜，我撞到冰箱上了！"——"这个坏冰箱，我打它！"

"上特长班太累了。"——"那就不上了！"

"我讨厌我们班的丽丽。"——"她那么讨厌，那就别理她了！"

替代解决可能会造成更大的伤害，因为孩子只是想想，并没有真正实施。

孩子喜欢同学的卷笔刀，同学不给，于是他打了同学，还不愿意道歉，父母就替代上门道歉。虽然孩子还小，但这是孩子的行为后果，他是一定要面对的。父母可以陪伴，但不可以替代。也许这样的体谅会让孩子一时感受到父母的温暖，但是，这没有帮助孩子解决内心真正担心的问题，反而让孩子学会了逃避——不开心逃回家就好。

如果损害了别人的利益、让别人感到不舒服，人都会有一些内疚感，想做些事情来弥补过错，让自己从这个事件中走出来。

如果被替代解决，他便失去了一个自己承担责任的成长机会。

体谅≠纵容！理解孩子的感受，不纵容他的行为。

比如，孩子回来说："这次考试我只考了65分！"爸爸回答说："儿子，你已经很不错了，我当年才考60分！"孩子心里可能会想："爸爸并不了解我的远大志向，而且他小瞧我。这次我只是不小心没有考好而已，他却拿这么低的标准来衡量我。太不信任我的能力了！"或者，孩子本意是想要更加努力的，可爸爸说的话让他听到的是"这个结果就已经非常好了"。于是他接受了现实，失去了为将来更加努力的动力。所以，爸爸的话反而成为孩子放弃努力的一个理由。

父母对孩子的帮助不仅要让他安心、有自信，还要让他真正地成长。"体谅式"的技巧，要把理解的重点放在对动机的认同上，而不是行为的连带认同上。

6. 命令式和威胁式

这两种方式是传统家庭当中最普遍的方式。

有的家长会说："我经常打我的孩子，但孩子还是很听我的！"如果长时间地打骂孩子，随着孩子年龄的增长，他会在心里"减扣"对父母的爱意，孩子到了青春期之后，问题就开始明显了。

不要仅仅在孩子小的时候看彼此的关系，而要长远地看彼此的关系。更为重要的是，父母除了要解决孩子不恰当的行为问题，还要维系更长久的关系，只有在信任的关系中，父母才能够更好地、长期地引领孩子。

由于家长对孩子有监护权，某些时候也需要命令或威胁的解决方式，使用时请注意，这两种方式一经使用，对关系都会有负向影响的危险。我相信，即便是强制和命令，也都是出于父母对孩子的关爱。这两种方式蕴含的关爱如何能够让孩子认知到？如何在这些行为之后采取一些方法来降低关系的伤害度？这对于父母和孩子双方而言都是非常需要了解的。

上面这些方式有一个共同点：没有真正了解孩子内在的担心到底是什么，都是父母的主观引导，没能让孩子感觉到父母是在和他一同面对他的问题。

所以，无论父母给出了什么样的解释和方法，一两次孩子的行为调整了，但是内在担心的问题程度越来越高，孩子还会继续表现出“不想上学”的行为。如果父母一再使用这个方法，除了效果会减弱，还会让孩子增加对父母的愤怒和无助的情绪，进而影响彼此之间的关系。

这样说并非认为以上八种方式都不对，只是需要经过局部的调整，才会变得更加有效果。

孩子在小的时候，主要依赖父母，他们从父母那里吸收爱的养分，却也无条件地被迫接受着各种形式的伤害。

对于父母来说，以往的方式也只是从父辈继承下来的，如果希望和孩子的关系有更好的发展，希望孩子在成长过程中可以获得比祖辈更好的优良成绩，那就需要进一步学习，保留和传承从祖辈传下的爱，舍去那些无意识当中不必要的伤害。

第二节

舒缓了情绪，调整行为才更有效

在孩子遇到问题、心情抑郁的时候，最好先处理他的情绪，然后调整行为。因为，处于情绪之中的人很难正确地看待问题。通过情绪的认同和舒缓，可以让孩子了解自己的情绪和内在状态。

需要注意的是，父母在这个过程中要尽量表示理解，而不是控制，让孩子能够把内心的感受都说出来。

深入了解的聆听技巧叫作“陪伴式聆听”，包括两个方面：

（1）重复和确认让对方困扰的事件。

（2）解读这个事件中对方的情绪和感受。

当父母把注意力放在解读感受上的时候，就能触摸到孩子内在的隐形人，孩子被关注的感觉就会更加强烈。

不断地重复、确认孩子表达中被困扰的事件，可以让孩子有更多的机会了解事件的经过，找到事件中引发自己不舒适情绪的真正原因，从而更加清晰地了解自我的现状和外在的客观因素之间的关系。

在聆听的过程中，父母也可以适当地夹杂一些表示听到并且确认的语气词，比如“哦”“唔”“嗯”“这样啊”等，或者“然后呢”“我很想听你多说一点”“我还能知道得更多一点吗”等这样的话语，这样可以使孩子感到你在全神贯注地倾听，并且很愿意了解他的感受。

下面通过几个例子来练习这个技巧，同时了解它的使用效果。

一、舒缓了情绪，行为自然调整

孩子心爱的小狗死了。

不恰当表述

“小狗没有了就算了，别难过了，再买一只不就行了！”

孩子可能的状态：那种无人知晓的心痛，让他体会了人生最初的寂寞感觉。

在上述情景中，让孩子困扰的事件是：心爱的小狗没有了。

这个事件中他的感受是：非常难过、不舍得。

参考表述

“小狗没有了。你那么疼爱它，当然会很难过、舍不得。”

点评

一个孩子在刚体验过生命分离时，若那颗爱小狗的心、这种分离之后难过的善意被深度地肯定，他才可能在以后对生命有更深的爱、理解和信赖。

同时也能看到，当一个孩子的内在感受被触碰，这份失去的疼痛就会变得不那么锥心刺骨，他才有可能因痛而重新面对。

一个小孩，玩耍的时候摔了一跤，腿出血了，“呜呜呜”地哭了。

不恰当表述

“别哭，没事，一会儿就好了！男子汉大丈夫，没有关系的。”

孩子可能的认知：如果我要成为男子汉大丈夫的话，就不可以有疼痛感！

在上述情景中，让孩子困扰的事件是：摔了一跤，腿出血了。

这个事件中他的感受是：很痛。

在这种情况下，我建议父母怎样处理呢？

参考表述

“宝宝摔了一跤，把腿都摔破了，一定痛了。”

点评

这时，孩子会感觉心里非常温暖，感觉爸爸妈妈完全了解他遇到的困难。现在虽然还痛，但是这个痛感可能会因为被理解而有所减轻。

一个人怎么可能没有疼痛感呢？当父母告诉孩子“没事”“不会疼”时，孩子会经常犹豫：我为什么还会害怕？我为什么还会疼痛？这都说明我不够成熟。

实际上，再成熟的人都有喜、怒、哀、惧，再坚强的人都会有疼痛的感受。我们是人，就要承认自己作为人的感受，有这样的感受并不代表自己幼稚。

真正的成熟，在于认同自己在事件中的这些感受，然后还会有“明知山有虎，偏向虎山行”这种面对现实的勇气，这样才会有机会调整行为、找到方法。

孩子在很小的时候，不能够完整地表达自己的感受，或者由于环境和认知的影响，对自己的某些感觉不敢直接表达、习惯性地逃避感受，而导致说不清楚自己的感受。

父母可以尝试猜测孩子内在的感受，并且帮助解读出来，这样也能够帮助孩子认识自己，让他知道父母可以接受自己的感受，慢慢地，他就学会了自我表达。

刚学会刷牙的小孩，在刷牙的时候会磨蹭很长时间。一次，妈妈进入洗手间，看到孩子拿着牙刷发愣。

在上述情景中，让孩子困扰的事件是：牙膏在嘴里的味道。

这个事件中他的感受是：不舒服，不习惯。

参考表述

“一个人在尝试一件陌生的事情的时候都会不习惯！刚学会刷牙，一定很不习惯牙膏在嘴里的味道吧？”

孩子听了以后，马上放松了下来，笑了起来，然后拿起牙膏和牙刷刷牙去了。

点评

孩子在被陪伴式聆听协助一段时间之后，处理情绪的能力会增强，因为情绪的自然通过是有修复作用的。

我的女儿在4岁左右的时候，受伤后总是会噘着嘴跑到我的跟前说："妈妈，我的小手指碰疼了！"我会说："哎呀，那是真的，小手都红了！一定很疼！"还没等我说完第二句话，她已经抽出小手对我说："妈妈我好了，不疼了！"然后接着跑去玩了。

有时，孩子很想有人分享他的感受，当他的感受被否认和误解时，他会在情绪之外再产生出层层的焦虑。

情绪本身的通过是比较容易的，然而如果外面包裹了很多的焦虑，整个事情就会变得复杂起来。因为孩子会分散很多的注意力在外面的焦虑上，以致没有办法专注地面对自己的问题。而当这种感受被接受和理解的时候，他会更坦然、更有力量地面对自己的问题。

二、处理完情绪，调整行为就更加有效

"给儿子吃我自己做的固元膏，他很喜欢吃，可是补品不能多吃，每次只能给一颗红枣大小。平时他都嫌少，心情好时不闹，遇上心情不好时他能为这个东西哭一个小时。"

原来我的解决方法是："嫌少吗？吃吧，你都知道只能吃那么少啦。哭不哭都是那么多，要嫌少别吃算了。"结果他就开始不断地哭哭停停……

现在学习用技巧来聆听孩子的心声：

让他困扰的事件是：喜欢吃固元膏，但是一次只能吃很少。

这个事件中他的感受是：不开心、遗憾、想多吃点等等。

妈妈："嗯，固元膏很少哦，那么好吃的东西给那么少！

唉，要是能多给些就好了。”

儿子居然不哭了，只是仍然一脸的不高兴。

妈妈（惊喜）：“要是这东西不是药，我一定给我儿子吃个够！”

儿子开始自己舀来吃，吃完了眯眯笑。

妈妈：“妈妈给你拿东西吃，你好像忘了说什么了！”

儿子过来抱着妈妈：“谢谢！”（声音很甜）

妈妈分享

没想到简单地读出了他的想法再加入同理心，效果居然就不一样了！

点评

用你的方式读出让孩子困扰的事情和他对此的感受，只要记住“陪伴式聆听”这个模式，不用背诵语言！或者你也可以说：“固元膏这么好吃的东西，一次只能吃这么少，心里有点不开心啊！”

当孩子过来抱着妈妈，甜甜地说“谢谢”的时候，妈妈心里一定也非常温暖吧！

假如一开始在孩子哭的时候，马上就纠正他的行为：“我给你做了这么好吃的东西，你不说谢谢还哭鼻子！快点谢谢妈妈！”儿子会怎么样？肯定不听。

所以在大多数的事情上，先解决情绪，再引导行为，效果就会好很多。一个人在气头上你跟他讲什么道理都没用，甚至他会对着干，因为他可能会觉得在你心中这件事情比他这个人还重要。

三、正确聆听孩子的情绪和感受

女儿在吃晚饭的时候，皱着眉头对妈妈说："我还是不要参加周末的秋游比较好，最近学校的活动总是没有意思。"

我想，让她困扰的事件是：学校近期的活动没有意思。

这个事件中她的感受是：乏味、担心没意思。

所以我是这样说的："看来你感觉学校近期的活动很乏味，这让你很担心这次秋游会不会有意思！"

点评

孩子说"我还是不要参加周末的秋游比较好"不是她的感受，而是一个想法，或者说是她对自己内心感受所给出的一个解决方法。

对于孩子的有些表述，不要就问题论问题，而是要解读背后最真实的感受。感受，就是指她的情绪，喜、怒、哀、惧等，可以参考前面的情绪介绍的部分内容。

找到她行为和认知背后的感受，才有机会在后面的谈话中帮助孩子找到最恰当的解决方法。

有时，父母不敢去解读孩子的心理，是因为不希望孩子做坏事，甚至连想都不能想，害怕孩子想一下就可能出大问题。

实际上，每个人的成长经历不同，得到的经验也不同，这些经验都是为了解决自己的内在感受而找到或者总结的一些方法。这些经验无论是否符合社会规则，都可以重新选择，关键是要找到那些内在感受。

我听到过不少青少年男孩子都会说这样的话："我真想把他打一顿！"

很多时候这只是一种情绪的宣泄。只要能够关注他背后的心理需求，并且帮助解决，这些想法都会很快烟消云散。

值得注意的是，这些认知背后隐藏的问题如果没有得到及时的处理，一段时间之后，可能会出现真实的行为，因为堆积的类似感受太多了。所以，即便说不要把孩子这样的话完全当真，但是也要认真对待。

总之，一定要解读出困惑事件带给孩子的心理感受——喜、怒、哀、惧或者其他情绪和感受。找到了内心更深层次的需要，才有可能找到其他的行为方法来进行替换。

第三节

找到孩子情绪后面真正的问题

有的时候，简单地聆听一两句话，孩子的感受得到认同，情绪就会舒缓，问题可能就解决了。另外的一些时候，对于孩子的牢骚和埋怨，如果我们不断重复陪伴式聆听技巧，会帮助孩子不断理清自己的思路，找到真正让自己不舒服的原因，后面的引导才能对症下药。

一只狼出去找食物，找了半天都没有收获。偶然经过一户人家，听见屋内孩子哭闹，接着传来一位老太婆的声音："别哭啦，再不听话，就把你扔出去喂狼吃。"

狼一听此言，心中大喜，便蹲在不远的地方等候。太阳落山了，也没见老太婆把孩子扔出来。晚上，狼已经等得不耐烦了，转到屋前想伺机而入，却又听到老太婆说："快睡吧，别怕。狼来了，咱们就把它杀死煮了吃。"

狼听了，吓得一溜烟跑回老窝。同伴问它收获如何，它说："别提了，老太婆说话不算数，害得我饿了一天，不过幸好后来我跑得快。"

听别人说话的时候，先看看他语言表象的背后到底是什么，否则你很容易被假象牵着鼻子走，也许别人只是想发发牢骚。

一、在孩子的不舒服中找到他的需要

12岁的儿子经常看电视。

不恰当表述

妈妈："怎么又开始看电视啦？去学习！"

儿子："哦！"

妈妈："怎么还不去？"

儿子："知道啦！"

妈妈："你怎么回事？一句话说一百遍都不听，学习到底是谁的事情？你在为我学习吗？"

儿子："哎呀，知道了！"（气呼呼地回房间）

妈妈："我真是吃饱了撑的，一天到晚为你考虑，到头来还不讨好！"

参考表述

妈妈："儿子，电视好看吗？"

儿子："其实我觉得电视没什么好看的。"

妈妈："你感觉电视没意思，还坐在这里看，是不是有什么事发生了？想和妈妈说说吗？"

儿子："就是很无聊，所以就不想动。"

妈妈："哦，你觉得总是很无聊，没什么意思！是什么总让你感觉没意思？愿意和妈妈说说吗？"

儿子："回家来，每次就是写作业，很没有意思！"

妈妈："哦，你觉得回到家光写作业，很没有意思，你想在家里多做些其他的有意思的活动！"

儿子："是啊，你看别人家，周末一家人出去玩玩什么的，我们家你不理我、我不理你，你做家务，爸爸看电脑，都不怎么说话！闷死了！"

妈妈："原来是这样！你希望咱们家里多一些沟通或者一起做些什么事情。你觉得如果我们的生活更丰富一些，你就会更加爱学习和写作业！"

儿子："是啊，作业没什么难的。我上课的时候就把老师讲的都听得很明白了，如果光做作业很快就做完了，可是做完了以后，干什么呢？没事情干啊！"

妈妈："哦，你是怕作业写完了没事干，所以总要拖一拖，最后写作业！"

儿子："是啊！"

点评

很多时候，父母最困惑的是不知道孩子在想什么。如果知道了孩子需要的东西，问题就有机会得到解决。

这个案例中，孩子看电视的原因不是看电视上瘾，而是觉得太快写完作业后会没有意思。如果可以帮助孩子找到一些有意思的事情，让他在学习之外去做，孩子的这个行为表象自然就消失了。

注意妈妈的谈话方式，她在复述孩子的感受时，除了复述孩子表达的“很无聊”，同时更加注重“哦，是什么总让你感觉没意思”。

比如，孩子说“家里人各干各的，很闷”，妈妈回应说：“原来是这样！你希望咱们家里多一些沟通或者一起做些什么事情。你觉得如果我们的生活更丰富一些，你就会更加爱学习和写作业！”从而，帮助孩子确认他真正需要的东西。

在陪伴聆听的过程中，孩子会慢慢地学会掌握自己的情绪来源，并且进行自我分析，了解自己想要什么。

二、不被孩子的问题牵着走

有时，顺势引导孩子认识自己的真实需要，比解决他们的表象问题更加重要。如果父母没有找到真正的问题，却急于处理表象问题，就会被孩子带得团团转，甚至被卷入不必要的麻烦中。

妈妈一直和6岁的儿子睡一个房间，爸爸睡另外一个房间。有一天晚上，当儿子睡熟之后，妈妈去和先生同房。孩子突然醒来敲门。

妈妈开门后，孩子问：“妈妈，你们在干什么？”

妈妈尴尬地说：“我和你爸爸拉了拉手。”

孩子生气地问：“你们拉了手之后又干了什么？”

妈妈不愿回答，孩子更加生气地逼问：“你们到底拉了手之后又干了什么？”

妈妈没有办法，只好再次尴尬地说：“我们……又亲了亲嘴……”

孩子大怒："我将来长大了要当警察，把街上所有亲嘴的人都抓起来！你们亲嘴后又做了什么？"

妈妈完全快急炸了，根本不知该怎样回答孩子越来越咄咄逼人的问题。

点评

如果妈妈用技巧读出孩子的心理，那么第一步，孩子的困扰是半夜醒来，房间很黑，陪伴他的妈妈不见了。妈妈去哪儿了？为什么把他一个人丢这里了？

这个事件中他的感受是：害怕。

所以，孩子的真实想法是：妈妈每次都陪着宝贝，今天怎么把我一个人丢在这个黑黑的房间里？我有些害怕，想妈妈回来陪我。

其实这就是孩子想说的话，如果当时父母可以及时地说出他的真实感受和需求，把重心放在抚慰孩子、满足孩子的需求上，就会找到表象下的真实问题，不会被孩子的问题牵着走，变得越回答问题越多，把自己逼入一个没有办法回转的角落。

女儿过生日，生日礼物要一个弟弟或者姐姐。

⑪ 不恰当表述

妈妈："宝贝，还有几天就到你的生日了，今年你想要什么礼物呢？"

4岁的女儿："妈妈，我今年不要你们买的礼物！"

妈妈："哦，那你今年想要什么呢？"

女儿："我想让妈妈给我再生个姐姐！"

妈妈："呵呵，比你大的孩子才是姐姐！她必须比你先出生才行！比你后出生的孩子比你小，所以只能做你的妹妹或者弟弟！"

女儿："那妈妈就给我生个弟弟吧！一定要在我过生日那天就给我哦！"

妈妈："小宝宝要在妈妈肚子里面呆10个月才能出生呢！怎么可以几天就生出来呢？

女儿："不行，我就要你给我生个弟弟！"

妈妈："怎么讲理不听呢？这个礼物肯定给不了！重新想一个吧！"

女儿（大哭）："哇哇哇……"

妈妈（大发雷霆）："怎么回事！哭什么哭！做不了的事情，你不理解还哭！"

参考表述

妈妈："看来要是有个小姐姐或者小弟弟一定会让宝宝开心很多！"

女儿："是啊，妈妈！我如果有个小姐姐或者小弟弟，她（他）就可以在幼儿园小朋友欺负我的时候，帮助我了！"

妈妈："哦，你在幼儿园有人欺负你，你希望可以有人帮忙！"

女儿："是啊，我们班有两个男孩子总是乱抢别人的书！他们也抢过我的书，还把我的书撕坏了一页！"

妈妈：“哇，原来你的书被抢了，还被撕坏了。你当然很难过，并且很生气！没有把自己的书保护好，你一定还有些沮丧！”

女儿（眼圈红了）：“我告诉老师，老师也不管！”

妈妈：“哦，你觉得老师没有及时帮助到你！”

女儿：“是啊！我们班上次有个小朋友被另一个小朋友打了，他就也打了他（对方），结果老师让他们两个都罚站了！”

妈妈：“哦，老师让他们两个都罚站了！”

女儿：“老师应该批评那个先打别人的小朋友！”

妈妈：“看起来，你对于老师的处理不太满意！”

……

点评

这样的沟通让父母有机会更多地了解孩子的心声和她心里的问题。

案例中的女儿想让妈妈生个姐姐或弟弟，只是缘于在幼儿园与男同学以及老师的交往中存在很多的困惑，无力解决，并且没有得到及时的帮助，所以想通过拥有一个比自己有力量的代表（她觉得姐姐比她大应该更有办法、弟弟作为男性比她有力量）来帮助自己。对于这个小女孩来说，让妈妈生个姐姐或弟弟是她解决自己的问题的一个方法，而不是她心里真正的需求（与男同学以及老师的交往中存在的困惑）。由于妈妈在第一次和孩子谈到这个问题时，把重点放在了生姐姐或弟弟这个问题的解决方法上，因而引起了双方最后的不愉快。

所以，陪伴式聆听帮助我们找到问题的根本，这样我们就会找到合适的方法来解决问题，而不是仅局限于探讨孩子提出的这一个解决方法。

一位父亲向我咨询，孩子最近总是询问“同性恋”是怎么回事。这位父亲本身也很关注孩子的成长，知道不可以轻易地把孩子的好奇心打断，所以就很专业地回答了她。但是后面的几天，孩子还是不停地提问。

下面是我和孩子的谈话：

我：“听起来你对同性恋很感兴趣，愿意跟阿姨谈一谈吗？”

孩子：“愿意。”

我：“阿姨可不可以知道你是从哪里知道同性恋的呢？”

孩子：“一个电视剧中说的。有两个阿姨年龄都很大了，在一起聊天。其中一个阿姨年轻的时候是一个同性恋。另外一个阿姨就对她说：‘看来，你一辈子也没有自己的孩子、没有丈夫、没有自己的家，这么孤单。别人还不认可你，不理解你。’”

我：“哦，你觉得同性恋没有孩子，又没有丈夫，她会很孤单。同时，别人又不理解她。”

孩子：“对呀！所以，我才不当同性恋呢！”

我：“所以，你不希望像剧中那个阿姨一样孤单，并且不被人理解。”

孩子：“是啊！”（孩子不停摆动的身体慢慢停了下来）

我：“那阿姨猜，你特别需要有一个伴，这个伴呢，可以陪着你，让你不孤单，并且在你出错的时候，理解你，不笑话你，陪在你旁边。”

孩子特别安静地坐着说：“是啊，阿姨，我爸爸妈妈太忙了，没有人陪我。”

谈话继续中……

点评

当一个人内在最深处的需求被触碰时，他的平静状态就开始出现；一个人很平静时，他就开始运用智慧思考自己的问题了。

如果无论父母如何回答孩子的问题，孩子还是要不停地问，那么这个问题的背后一定隐藏着一个更深的问题，需要用陪伴式聆听深入寻找。

爸爸不断回答，孩子不断地问，那就说明“同性恋”问题背后还有其他的问题。有时，说话的当事人都未必清楚，尤其是一个未成年的小孩对自己认识并不清晰时，提出的问题往往会千奇百怪。但是旁边的人这样不断地聆听，很可能听出一个完全想不到的原因。导致孩子问同性恋问题的原因是什么呢？不是青春期问题，而是家庭亲密度和关注度不够。

所以，别着急做判断，别着急给答案，先找出孩子的问题背后的原因，才有可能对症下药。

第四节

不适合陪伴式聆听的几种情况

以下情况，不必使用陪伴式聆听技巧，直接回应孩子就好。

1. 孩子已经找到问题，并且表明要解决

当孩子主动提出要解决问题的时候，就不用继续陪伴式聆听了，如果继续聆听，孩子可能会感觉你不是真心要帮助他。

2. 孩子只是向父母要一些资讯或常识

比如，孩子想让你听他今天刚学的钢琴曲。如果你有时间并且愿意陪伴，就不需要聆听，直接给他回应就好。

孩子急不可待地说："妈妈，这个饭店的洗手间在什么地方？"

如果妈妈这个时候用技巧解读一下说："孩子，你一定是憋坏了吧？"会出现什么效果？

较为适宜的回答是："收银台左转就是了。"

点评

对孩子的心理问题既不能忽略，又不能过于敏感，对于这样简单咨询类的问题，直接给予答案就好。

在这个例子中，不恰当的聆听反而会让人感觉是故意在刁难和制造问题。所以，父母要确认是真的在帮助孩子，还是在给他制造一些不必要的新问题。

3. 父母也处于问题区域时，不要勉强协助孩子

这时，父母可以使用临时性拒绝，再找时间使用陪伴式聆听，或者建议孩子找其他人或者用其他方式寻求帮助。

父母如果左右遮掩自己情绪不好的事实，会给孩子造成一些错觉——“爸爸并非真心关注我的问题”或者“妈妈一定是想我不应该为这个事伤心”，等等。

如果父母自己也不能集中注意力，就不能把握住问题的实质。要是还去勉强协助孩子，整个事态就会复杂化了。

（1）如果着急出门、手头有紧急事情等，我们都可以用一种清晰而诚实的方式表现出我们的态度，或许可以提议在下一次方便的时候再谈这事。

参考表述

“我看得出你对此事挺难过的，我从心眼里愿意听你多谈一些。只是现在我要马上出门了，所以现在没法详细和你谈，你觉得咱们再约个时间仔细来谈谈如何？”

（2）如果在聆听对方的同时，自己也被严重带入了问题区域，比较好的方式就是临时拒绝。

参考表述

“我非常想同你一起来面对这个问题，只是我现在也没有想清楚，并且我也开始被这个问题困扰了，要不我们都各自想想再谈好吗？”

临时拒绝的重点在于“我非常想同你一起来面对这个问题”，这一句话非常重要，如果没有这一句话，而直接说出后面的第二句话“只是我现在来不及做”，就会让孩子感觉到你不想帮助他，只是在应付。

在这两句话之后，别忘了第三句“我们再约个什么时间仔细谈谈如何？”表明“即便现在我不方便，但是我真的愿意帮助你，所以换个时间我还是要来和你一起面对！”这样一来，意思就完整了。

如果你这样处理好了，对方接受了这个结果，并不代表问题就解决了，别忘了下次再邀请他面对这个问题。比如，“上次我着急出门，你要和我谈谈周末的活动，现在可以吗？”

即便是不能够陪伴对方解决问题，也要有个回应，让孩子知道父母不是不愿意陪伴他，而是暂时不能陪伴他。

第四堂课

The Fourth Class

让孩子愿意接受父母的帮助
——主动式聆听

本堂课属于“孩子在问题区域”

当我藏在角落中独自疗伤，
你一眼就看到了我，
用含着阳光的问候，
融化我孤独的无奈，
甚至在我拒绝之后，
你依然慈爱地关注着我，
以张开的双臂，
等待我随时的需要，
我知道，这就是爱。

第一节

语气、表情和肢体语言

对于一些不愿开口说出自己需要的孩子，父母很难从语言中去了解孩子的问题根源。因此，父母可以尝试通过孩子的行为表现看到他们的需要，并且用合适的方式邀请孩子接受协助。

让我们先来看看有效沟通的三个影响因素：

各种心理学研究表明：在两个人有效的沟通中，语言文字的影响力只占了7%（影响力是最低的）；语气和表情的作用占了35%左右；而肢体语言的作用最大，占了58%左右。

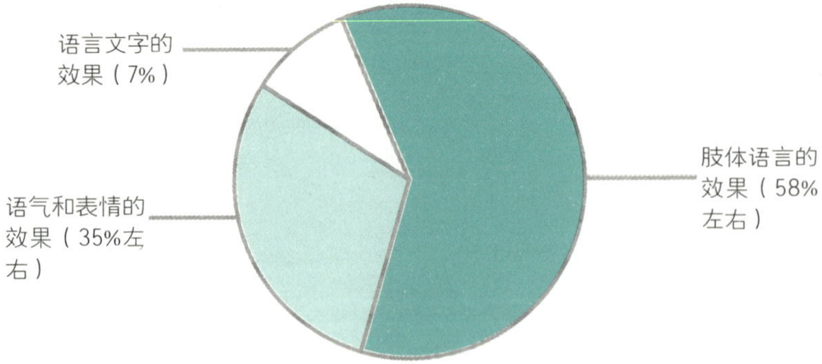

请看下面的例子。

周末到了，孩子想和朋友出去打球，向妈妈申请 。妈妈低着头皱着眉说：“去吧去吧去吧！”此刻，如果你是这个孩子，你收到的信息是去还是不去呢？感受当然是“妈妈不想让我去”。

点评

妈妈说话的语言文字是“让孩子去”，为什么孩子收到的信息却是“不让去”呢？因为妈妈的语气和表情显示出她对这件事情的不情愿。所以说，语气和表情对于信息传递效果的影响大过语言本身。

孩子考试没考好，回到家，略带自责地将考分告诉父母。妈妈叹着气说：“你尽力了就好了！”

点评

孩子相信妈妈真是这样认为吗？妈妈的语气中充满了失望，她并不是真的愿意接受孩子这个结果。谈话的语气和表情再一次影响了要传递的消息。

孩子想和爸爸谈谈关于学校发生的事情，爸爸看着电视并且背对着孩子说：“你说吧！”

点评

孩子感觉爸爸愿不愿和他交谈呢？尽管爸爸的表情温和、语气柔和，为什么孩子还是感觉到不舒服呢？是因为爸爸肢体语言的影响超过了语气和语言本身。

对肢体语言的忽略，让家庭的亲密关系在无意识当中渐渐疏远了。

有时候，我们觉得家庭里面总有一些说不出来的东西，尽管彼此之间是惦记着对方的，有困难的时候对方也能够体谅，但就是有说不出来的孤独感——因为草草了事的对白、转过身去的背影、不断打进来的电话，那颗心当然会有冷的感觉。

现在检查一下我们的生活，我们是否能够在谈话的过程中，让孩子有极强烈的被关注和被重视的感觉？

最近一次你和孩子单独相处是什么时候？你和孩子的谈话，是否有温暖的对视、体贴的握手？在彼此的相处中，你们能够找到那份真诚的关注吗？

这些都是沟通中语言文字之外的更大影响力。

所以，在学习语言文字表达之前，首先请重视自己的语气、表情和肢体语言。这些准备都是为了告诉孩子：你对我很重要！我愿意和你在一起探讨你的问题，分享我的感受。

永远记住，制造安全舒适的感觉比技巧本身更重要。

如果可以的话，经常对着镜子看一看，自己的表情是让孩子感觉有足够的亲和力，还是让孩子一看到自己的眼睛就不敢跟自己说话了。

注意让眼神专注、表情柔和，注视孩子的时候不带有征服力和压力，用沉默、微笑和点头这些小动作表示你把孩子的话听进去了。这样做有助于集中自己的注意力，可以看清楚孩子的脸部表情和肢体语言，以便更好地了解他的内在反应和感受。

一定要注重肢体语言，尽量不要双手交叉在胸前、跷二郎腿，要正面对着孩子，甚至可以握着他的手、轻抚他的肩膀和头部等，这些都有助于舒缓孩子的情绪，帮助他放松。当然，如果孩子拒绝某些方式（比如抚摸他），很可能是因为孩子对父母以前的一些行为模式有排斥，这时父母要接受他的拒绝，但是心里要明白：孩子之所以不习惯是因为父母做得不够，以后应该更加注重与孩子沟通时的肢体语言与语气和表情，给予他安全舒适的谈话环境。

第二节

“主动式聆听”邀请孩子分享问题

一、主动邀请孩子进行谈话

当父母看到孩子有一些行为表现，让父母感觉到他可能有不舒服的情况，可以描述孩子的行为表现和他的感受，主动邀请他谈话并确认他的谈话意向。

参考表述

“看起来你今天发生了什么，愿意和我谈谈吗？”

“似乎有什么事情让你觉得很难过，想和爸爸（或妈妈）谈谈吗？”

“今天吃晚饭的时候，你一句话也没有说，是在外面遇到了什么麻烦事吗？愿意和我谈谈吗？”

“看起来”这个开头很重要，没有这个开头整句话就变成了下定义，下定义式的话语会让孩子感觉被控制。“看起来”后面的内容就是孩子的行为描述。每个人都应为自己的感受负责，随意地贴标签、下定义会触犯到孩子的精神边界，导致孩子产生更多抵抗情绪，增加解决问题的难度。

使用“愿意和我谈谈吗”“告诉我这件事好吗”等方式邀请对方，并且确认他的沟通意愿，效果远远胜过直接询问，如“你为什么这样”“你怎么了”。

有时，父母想主动聆听孩子的想法，但孩子可能还没准备好，当父母说中了他的想法，他反而会非常愤怒。此时父母应检查一下自己，在说出孩子的想法之前是否真的让他做好沟通准备了？

这时不妨进行第二次主动邀请，继续主动聆听，解读他的反应并且求证。

参考表述

“看起来你对我这样猜测感到很不开心？那你是怎么看的呢？愿意和我说说吗？”

“看起来你不认同我的说法，那你的想法是怎样的呢？”

说出类似的话语，重新把主动权还给孩子，同样会缓解他的防卫心理，从而可以顺利地交谈下去。

二、解读孩子的双重信息

当一个人的语言文字与肢体语言、语气、表情出现矛盾的时候，表达出来的信息被称为“双重信息”。

这时，只解读出对方相互矛盾的感受，问题就变得透明了。

孩子："妈妈，我想和你谈谈上次你和老师谈话的事情。"

妈妈："好啊！"

孩子（低下头沉默了一下）："哦，对了，明天要穿校服里面的礼仪服，还有今天体育课上我们比赛跑步了，我出了一身的汗，难受死了……"

孩子左顾右盼而言其他。

▶ 参考表述

"看起来你一方面很想和我谈谈上次我和老师谈话的事情，另一方面你又对此有担心！"

"我猜你一定没有把这件事情想清楚，但是你又想和我谈谈。那么我想你可能在犹豫其中的一些事情是不是不要告诉我，或者不知道怎么说。"

得到孩子的认同之后，可以表个态：

"那你可以先尽可能告诉我一些你觉得可以告诉我的部分，然后把那些还没有想好的部分保留下来，等你想清楚了再来和我说，怎么样？"

点评

案例中，孩子想和父母谈论问题，同时欲言又止、左顾右盼，不进入主题。可以看到，他的肢体表现和语言之间出现了不相吻合、自相矛盾的情况。肢体语言表现出来的信息能够体现出孩子的真实想法，说明孩子对这个问题还存在一些犹豫或者担心。

父母坦诚地指出孩子的心理问题，并且表示可以理解和接受的时候，谈话往往可以顺利进行，孩子的心态也会比较开放，告诉父母的内容可能远超出孩子自己预先设想的。

三、运用同理心，并确认问题

参考表述

“如果我是你，我会需要……不知道你是否会这样？”

“如果是我的话，在我难过的时候，和人聊一聊可能就会好一些，哪怕暂时解决不了，但是只要说出来就会舒服一些。所以，如果你真的不舒服，我很希望你能和我说一说。”

父母美丽和感性的话语固然重要，但我们在这里学习的是沟通模式而不是语句本身。运用同理心表示对孩子的理解，同时一定要确认问题，否则听起来更像是对他的判断，这会让孩子感到压抑和不安全。

四、确认孩子解决问题的意向

当孩子的问题得到确认，父母出于好意，希望立刻解决问题。然而有的时候，孩子还没有做好解决问题的准备，如果直接进入解决阶段，可能导致孩子的情绪反弹（青春期的孩子尤其容易出现这样的状况）。

因此，不要急于解决问题，不要总是认为问题需要在当下解决。即使是疏通了情绪，找到了问题根源，想要和孩子继续探讨解决的方案，也需要邀请并且确认孩子的谈话意向。多问一些“愿不愿意”，把问题的主动权交给孩子，让他有被尊重的感觉。

▶ 参考表述

“这个感觉真的很难受！那你想不想下次再发生这样的事情？那你愿不愿意谈谈这件事，看看用什么方法可以帮助我们下次舒服点？”

“如果这个问题继续下去，你愿不愿意、想不想找到更好的解决方法？”

只有确认了孩子的探讨意愿，才会减少一些不必要的隐性冲突，让后面的谈话更加顺利。

以上四个步骤可以交替出现在谈话过程中。

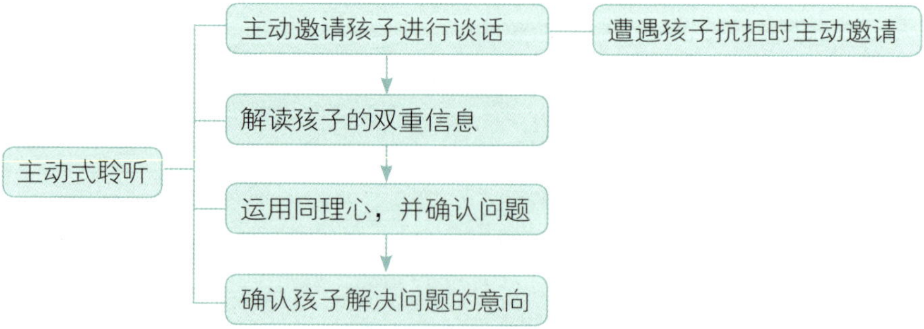

第三节

孩子发脾气，如何继续谈话

孩子发脾气可能是最难处理的问题，因为父母自己也有委屈："我对你这么好，你还对我这样！"但是，这也是父母必须学会面对的，这类问题如果解决得好，则更容易提升彼此的信任度和亲密度。

从孩子的情感需要来说，"当我做得好的时候，父母说我好，不足以让我觉得他们有多爱我！"更多的时候，孩子需要的不是锦上添花，而是雪中送炭。

"当我做得不好的时候、发脾气的时候，父母还愿意理解我、接纳我、陪伴我、相信我、和我在一起，我才相信他们是真的爱我！"

爱，是孩子安全感的来源，爱让一切的美好自然呈现。孩子拥有的爱越多，呈现给我们的惊喜就越多。

爱，没有绝对的对错；爱，应该更加关注那个受伤的内在。

当孩子发脾气时，父母应该反思自己是否碰触到孩子的精神边界，并适当地为引发孩子的不舒适感受而道歉，让孩子看到父母的爱与他同在……

需要注意的是：

（1）一个巴掌拍不响。孩子冲着父母发脾气，很可能是父母引发了他不舒适的感受。同样一句话，父母觉得说得很合理、自然，孩子却难以接受。这是因为外界的刺激与内在的不同思维模式，共同导致了父母与孩子不一样的感受，因此父母需要避免继续去“拍巴掌”，并且应该帮助孩子疏导情绪，了解“脾气”背后的原因。

（2）不要过于争论细节。比如，孩子说：“我都等了你几个小时了，你才来！”不要对孩子说：“谁说的？我只是迟到了40分钟而已。”而应说：“妈妈迟到，让你等急了，对不起！”

孩子进家怒气冲冲：“妈妈，今天都是你，可把我害惨了！”

孩子的脾气很大，有时会摔书包、摔东西。以往我要是听到这样的话，马上会很生气地冲着他说：“干什么！什么事情别总怨别人啊！你今天在学校又干什么被批评了，赖在我头上？”

参考表述

孩子进家怒气冲冲：“妈妈，今天都是你，可把我害惨了！”

妈妈：“哦，看起来你很不开心！”

孩子：“当然了！今天我被老师当着全班同学的面点名了！”

妈妈：“你被老师点名了，当然很难堪！妈妈做什么影响到你了？”

孩子：“上个礼拜老师让家长准备一份我们这学期在家的成

长总结给他，今天老师公布总结评选结果，可是全班只有我一个人的父母没有发邮件给他，所以被点名了！”

妈妈：“哦，太抱歉了，因为妈妈忽略了答应你的事情，让你难堪了！”

孩子明显气消了很多，声音也小了下来。

孩子：“你总是这样，跟你说了的话不当回事！”

妈妈：“哦，对不起。看来还有一些没有兑现的事情，让你很失望。妈妈真的要找个时间和你好好谈谈了，看看妈妈都把多少话没有当回事，应该怎么配合你来做才好！”

孩子面色缓和了，柔声对妈妈说：“妈妈，你今天真的和以前有些不一样，谢谢你让我把这些话说出来，我舒服多了！”

妈妈分享

天哪，在我听到孩子说出最后一句话然后转身离开的时候，我的眼泪突然涌了出来！我已经很久没有这样感动过了！

点评

的确，当我们改变的时候，获益的不仅仅是孩子，还有自己！

（1）妈妈之前的做法，让孩子听到的只是妈妈的批评、责备和对孩子情绪的否定。

当孩子的情绪和想法被否定的时候，孩子往往会急于辩解，证明自己的想法就是对的——“就是你害了我”。这样，他的注意力都用在了对抗上，很难客观地接受任何解决方案，反而忽略了问题本身。

（2）当孩子在不舒服的状态，并且表明他的问题是由父母造成的时候，一些父母容易在孩子有情绪的时候立刻也被带入情绪当中，使问题变得更加复杂。

如果这时妈妈再“说教式”地来两句：“孩子不可以这样大声地和大人说话，你这是什么态度？”孩子很可能会哇哇大哭，或者不再继续说话扭头就进房间了。长此以往，如何让孩子愿意和父母沟通呢？多半是怨气越来越重，累积多了孩子便越来越不愿和父母沟通。

千万要记得：这种情况下，父母做到延迟满足，先对孩子的情绪进行认同处理很重要。

在孩子情绪高涨的时候，先把对错放一放，至少可以对孩子说：“如果我是你，我会有这个想法。”这样既不直接说自己，又表现了同理心。

坚持使用聆听技巧可以使双方都能较快地从问题区域走出来。

好的沟通高手，不会轻易在几个问题区域中间来回拉扯，不会因为对方在问题区域就把自己也带进去，也不会轻易因为自己在问题区域就把对方拉扯进来。

另外，如果对方的情绪过于强烈，那么适当地分开、冷静并自我消化一下再进行沟通也不失为一个好方法。

“孩子不舒服，不见得是父母错了；父母不舒服，也不见得就是孩子错了。我们只是有些不同而已。”

等这件事稍微平息，继续邀请孩子谈话，谈不了的继续放一放，再找时间谈。通过这样一次次的沟通，把积累的问题慢慢找出来，然后有机会就解决。这个过程就好像是拆一件旧毛衣，不是一下子全拆了，而是找出一个线头，边拆边缠，那边拆掉一点，这边缠住一点，是需要时间的。

第四节

等待孩子主动打开关闭的门

如果孩子接受了父母的邀请，就可以转入使用陪伴式聆听技巧进行深入对话的阶段。本节的重点是，当孩子拒绝了父母的邀请，父母可以尝试的应对方法。

孩子放学回到家，把书包撂到沙发上就开始哭。这时，父母最常见的话是询问式："怎么了？谁惹你了？"

如果孩子什么话也不说，只是大哭，父母总是会说："快说啊，到底怎么回事？真让人着急，你倒是说话呀！"

如果孩子还不说，很可能父母就会说："你让自己难受不说，还把家里人也搞得心里难受。发生了什么事情不能说出来，让大家也放心吗？"或者父母心里是认同的："也许这个事情先放放，让他自己静一静再说。"但实际的表现是皱着眉头。

这个过程中孩子的感觉会怎样呢？"我本来就够烦的了，结果我一回来，爸爸妈妈因为我变得比我还烦！"

我们总认为，当一个人难过的时候，我们也要和他一样难过，才是同频率的沟通。实际上，这样只能增加问题者的心理负担。

这就好比一个人被抓进了监狱，要救他的人首先得确保自己不能被抓进去，才有可能把对方救出来。如果协助者也跟着进去了，那先进去的人不仅没有了希望，还担了更多的自责。

在这种情况下，孩子会越来越不敢把自己的问题说给父母听，因为他知道在说给父母听的时候，父母会比他还要着急和焦虑。

父母需要做的是，在孩子很难受的时候，不让自己也陷进孩子的情绪中，而要更平静地面对他。在这个时候给予理解，才能真正让孩子感受到支持的力量。

不过，即便知道不要跟随孩子进入问题，也需要注意恰当的方法。有时候，当我们感觉自己的关心被拒绝或者否认的时候，我们就会离开这个人。“自己有问题还对别人这样！”“要就要，不要拉倒！”这正是因为我们带着太多自己的意志在帮助别人。

真正的协助，不是看自己在这个过程中获得多少成就感，而是真正地帮助到孩子。

担心孩子，不如祝福他，给他支持，为他守候。只有这样，孩子才能把注意力放在自己的蜕变上。

参考表述

“如果你现在不想说，想一个人静一静，那我就先走开！当你需要我的时候再来找我好吗？”

这句话好比一杯淡淡的温茶，让孩子感觉舒心与温暖。他知道，父母会一直守候着他，即便他现在拒绝了父母，父母也从来没有放弃过他，他的安全感就会增加。

这是一种尊重，更是一种支持。帮助孩子不一定要做什么，有时什么也不做，反而是最好的帮助！

当下的离开，并不代表放弃。

允许孩子用自己的方式处理问题，允许孩子和父母的不同，不代表父母因此而忽略孩子的问题，而是父母清楚地看到孩子的问题，允许孩子用自己的方式去解决，并且时刻关注、随时等待给予帮助。当孩子的情绪稍微缓和了，父母可以再次邀请孩子打开心扉。

周六，孩子关着门在房间里不出来，说是在学习。吃饭的时候，也不和我们说话，自顾自地吃完了，又死死地看着电视，什么也不说。

当奶奶要他把吃过的碗送到厨房的时候，他皱着眉说："别烦我！"

妈妈对他说："怎么这样和大人说话！"

他表现出更大的反应："我不想做，为什么逼着我做！"说完，起身回到自己房间，还把门重重地摔上了。

孩子的这种行为，以往真的让我非常郁闷。看到他乱发脾气，我都会说："你回到家就沉着脸，谁招惹你了？哪有这样说话的？"这就是我们平常所用的"你错了"的说话方式。

这一次，我用系统的技巧重新看待这个事件，发现其实孩子早就已经进入了问题区域，以往我们过多地传递了自己的感受，却忽略了他的需要。于是我尝试着用新学的技巧和他交流，并且加入了肢体语言的表达。

爸爸（端着一杯水走进孩子的房间，手搭在孩子肩上）："儿子，今天你脸色不好，是不是遇到什么烦心事了？愿不愿意和我谈谈呢？"

儿子（明显感受到了我的关注，刚才我开门时看着我的对立的眼神变得柔和了，并且低下了头）："没事！"

爸爸："如果是我的话，在我难过的时候，和人聊一聊可能就会好一些，哪怕暂时解决不了，但是只要说出来就会舒服一些！所以，如果你真的不舒服，我很希望你能和我说一说！"（我使用了同理心的二次邀请）

儿子："真的没事。"

爸爸（再次拍拍儿子的肩膀）："如果你现在不想说，想一个人静一静，那我就先走开！当你需要我的时候再来找我好吗？"

儿子："好！"

我出去后，正常看报纸、和家人聊天。到了晚上都很平静，无事发生。

周日（第二天）早上一睡醒，儿子把我拉到他的房间问我："爸，你知道怎么样可以让体育老师对我的印象好一点吗？"

我一愣，同时也马上意识到，也许这两天他的行为反常和这个问题有关。昨天的邀请生效了……

点评

有些孩子如果总是一个人面对自己的问题，“扛”事“扛”惯了，没有学会和别人交流自己的困难，或者担心自己的不良情绪影响到父母，他们就不敢把问题说出来。

当他们发现父母也看到了他们的问题，同时依然平静如初，没有被带入问题，便拥有了更大的勇气，能够尝试着坦然地与父母沟通。

父母必须学会给予孩子独立面对困难的机会，孩子也需要有自己思考的时间，父母的陪伴只是孩子成长中的一部分。

所以，如果孩子想自己面对问题，这是一件好事，允许他在困惑中成长吧！这是一种大爱。

每个人都拥有对自己的问题的主动权，那么就需要由自己决定采用何种方式来帮助自己。父母需要做的是尽可能地邀请孩子接受帮助；同时，父母要改变观念，不要认为“我是在帮助你，所以你理所当然就应该接受我的付出，并且感谢我”，也不要以为“我是为你好，就可以控制你的决定”。

帮助孩子不可以作为一个侵犯其精神边界的理由；帮助孩子也不一定要求孩子理所当然地接受；帮助孩子也需要经过孩子的允许，也需要尊重他的意见。

在这样的过程中，我们开始把自己和孩子分开：我接受他现在和我不同，所以愿意让他用自己的方式去继续；改变自己的生活是孩子的责任，父母不能够强行替代他做决定和改变，只能尽量去邀请他共同解决。

同时，情绪的处理是需要时间的，只有在情绪顺利处理之后，孩子才会更多地关注到事情的解决和改变。孩子的转变需要这个过程，这个过程没有人可以替代或者忽略。

我们也说过，一个人的情绪没有对错，但是情绪过后的行为有对错。因此，在上个案例中，孩子的情绪我们可以理解，但是他在情绪中对奶奶所做出的行为，则值得探讨。在情绪处理过后，就可以探讨因情绪而出现的不同行为表现了。

05 第五堂课

The Fifth Class

用爱引导孩子自己解决问题
——引导式聆听

本堂课属于“孩子在问题区域”

你在那里，我在这里；
你是我的镜子，让我看到自己，
看到我当下的力量，看到我要去的方向。

第一节

用聆听来引导孩子的内心

当父母让孩子拥有了和父母交谈的意愿，并且舒缓了孩子的情绪，也许问题就已经解决了；但有时，在情绪之下还隐藏着一些孩子具体的困惑或者问题，父母在使用陪伴式聆听和主动式聆听技巧之后，也找到了孩子问题的根源，接下来就需要进入解决问题的阶段了。

本堂课探讨如何引导孩子自己解决问题，培养孩子独立思考的能力，以及激发孩子自我负责的动力。引导式聆听的内容包括两方面：

（1）引导孩子提出解决目标。

（2）引导孩子制订出切实可行的行为计划。

一、支持不是随时给答案

陪着孩子走，而不是背着他走。

1. 从孩子成长的长远角度来看

以往，父母更倾向于直接给孩子方法，这是一种替代思考的模式，容易造成孩子对父母的依赖，孩子出了问题就会来找父母。

替代孩子做决定，是一种不可取的经验传授的方法。对孩子的各种问题直接给出答案，也让孩子失去了自己探索、感受和总结生活的机会。这就好比，父母的无形人在背着孩子的无形人一路行走。

如果父母由于惯性思维，总是觉得孩子还小，或者出于疼惜，怕孩子受累吃苦，从而剥夺他“下地走路”“摸爬滚打”的机会，把孩子放在自己的“肩膀上”，久而久之，孩子独立行走的能力就会逐渐弱化，而面对孩子的日益长大，父母也感觉到力不从心，更没法从孩子的世界中抽离出来，享受自己的生活空间。这个时候，恐怕父母失悔和抱怨也来不及了。教育孩子并不是替代或者硬性要求他必须听父母的，教是为了不教，不是直接给答案，而是培养他独立思考的能力。

允许孩子选择自己的答案，虽然有跌倒的可能，但这样才能让孩子感受到独立行走、跑跳甚至畅游世界的无限精彩。

2. 从解决当下实际问题的角度来看

如果父母过多地给予孩子建议，可能导致孩子的反感，甚至有时，孩子也知道父母是关心自己的，但就是不愿意向父母透露心声，如同他们自己经常对我说的：“我知道爸妈想帮助我，但是他们的方法总是不适合我，还要逼着我去做。”

所以，即便是探寻解决问题的方法，也最好先了解孩子在这个事情上所能够做到的最基本的程度，这样我们的建议才可能更贴近他的实际。

解决问题也不一定非要用说的方法，可以先尝试有技巧地问和听，孩子在这个过程中，会感觉到被尊重，有利于建立信赖的关系。

要做随时准备支持孩子想法的父母，而不是随时对每件事都有答案的父母。

如何有技巧地问和听，让孩子说出自己的解决方法呢？父母可以试着从下面的技巧方法中来找答案。

二、用发问来聆听

事情总是要过去的。要学会忘记过去的伤痛，才有可能更好地活在当下和未来。在忘记伤痛之前，一定要从中吸取适当的经验和教训，否则这段经历就失去了应有的价值，仅仅是增加了我们对伤痛的体验和恐惧。

当找到了孩子面对的问题，又确认了孩子的谈话意向，父母就可以使用“引导式聆听”，以提问的方式代替直接给出答案的方式，来尝试解决问题。

参考表述

（1）引导孩子对自己原先的做法进行总结。

“你觉得原来的方法效果怎么样？”

（2）引导孩子提出解决问题的方法。

“那怎么办呢？”

“那怎么样可以更好呢？”

“如果是这样，那你觉得可以为这个问题做点什么呢？”

“那你觉得怎么样可以让这个问题变得好一点呢？”

（3）探讨产生这个现象的原因。

“问题出在哪里呢？”

“那是什么造成了这个结果呢？”

“那实现这个目标的困难是什么呢？”

（4）探讨具体实施的措施。

“我们可以有什么具体的做法呢？”

“如果重新来过，你会怎样解决呢？”

（5）探讨解决方法是否可行。

“你觉得这个方法现在实施起来会不会有难度呢？”

“这个方法现在对你来说，可以立刻实施吗？”

“那你觉得这样做了，对方会有什么反应呢？”

“那如果这样做了，结果会怎样？是不是你想要的呢？”

“你觉得这样决定你会不会委屈？还有没有什么问题？”

有时候，孩子会因为良好的愿望，把计划做得过于完美而无法实现；或者，孩子在还没有完整的自我认知和环境认知的时候，可能会搞不清自己到底能做多少。

探讨解决方法是否可行，让孩子有机会再次停下来反思自己的计划中是否存在漏洞。

上面五种提问方式的着眼点都是：让孩子自己进行分析，判断自己的实际情况，制订当下可行的目标和实施计划。

因此，在这个过程中要注意：对于孩子回应的任何一个方法，不要轻易武断地说“不”“不好”“不行”，无论他的想法听起来多么可笑和愚蠢，否则容易打消孩子的积极性；否定孩子的方法等同于你直接提建议给他，之前只是伪装的提问而已，会让孩子感觉“其实你并不是想知道我是怎么想的，既然这样何必问我呢”。

所以，在否定孩子的方法或给予自己的建议前，父母要学会说下面的话。

参考表述

“这也是个解决的方法。”

陪孩子画画，发现孩子由于年龄小拿笔不稳，有些地方力度不够。

如果按以往的处理模式，我会直接上手涂鸦，说“这个地方要这样画”“那个地方要注意这个”，到最后往往是我替代孩子完成了作品。

这次我用手指着一处线条不均的地方问：“你觉得这个地方画得怎么样？”

孩子想一想，拿笔擦掉重新画。

过了一会儿，我又问她：“树叶为什么要用黄色的笔画呢？”

“因为这是秋天的叶子！”

妈妈分享

第一次我并没有说："这里不好看，重新画吧！" 当我问她自己的想法时，她会主动进行调整。

第二次，幸好我没有直接告诉她"叶子应该是绿的"——当孩子告诉我"这是秋天的叶子"的时候，我突然领悟到，我们的观点并不都是正确的。

成人的思维有的时候已经僵化了，如果把这种思维直接嫁接在孩子身上，反而抑制了他们的自我思考和创新。不同的方法的确会有不同的效果，不仅能够协助到孩子，也能我们通过教育孩子而更加了解自己。

点评

在很多学校里，我们经常可以看到学校要求的一些课外绘画和课外设计活动作品等，一眼就能瞧出很多都是父母代劳的成果。

父母如果替孩子把他要走的路走完了，孩子去走谁的路呢?

这样做，要么导致孩子没有成就感，"怎么样也画不出妈妈说的那样的画"，个别时候还可能会让孩子直接失去了对画画的兴趣，"我可能不适合画画吧"；要么会让孩子养成一个投机的习惯，就算自己的能力不怎么样，也要想尽办法拿到成绩，他把重点放在了结果上，而不是成长的能力上；要么扼制了孩子的自发性创造力，孩子习惯于模仿父母，依样画葫芦。

孩子很喜欢弹钢琴，但是弹钢琴比较辛苦，她学习一段时间后回来喊累，不想上课了。

第一步，舒缓情绪，找到问题归因。

妈妈：“哦，你对弹钢琴有些想法！”

女儿：“太累了，我的手指头都快出茧了！这个周末我不想去上课了！”

妈妈：“看来真的是太累了。”

女儿：“是啊！又要完成学校作业，还要弹琴，真的很累！”

妈妈：“看起来，又要做功课，又要弹琴，你似乎觉得忙不过来。”

女儿：“是啊，时间太有限了，我已经很努力了，就是太累了！”

妈妈：“嗯，学校功课本身就要占用很多的时间，在这么有限的时间内，你从刚开始一点都不会弹钢琴，到有现在的弹琴水平，你一直很努力地在坚持。”

女儿：“嗯，那是！我在弹琴方面是有天分的，我的进步相对同学是非常快的！”

妈妈：“看起来你并不是真的不想弹琴了，你还是很喜欢弹琴的，只是感觉累了，要适当休息，是这样吗？”

女儿：“是这样的。”

第二步，找解决办法。

妈妈：“是啊，那我们已经付出了这么多的努力，如果中间落课，会不会让练琴的进展受到影响？那你会不会觉得可惜？”

女儿："嗯，就是啊！"

妈妈："那有没有办法可以又适当地休息，又能够不影响进展？"

女儿："要不这个周六我再坚持弹琴，周日我想好好休息一下，妈妈陪我出去放松一下吧？"

妈妈："好啊！做点什么……"

点评

大部分的引导式聆听都需要配合陪伴式聆听和主动式聆听。

在这个案例中，孩子不想弹琴的原因是太累了，需要休息。妈妈认同了孩子疲惫的感受，让孩子感受到被理解。同时，妈妈通过肯定孩子已经获得的成绩，让孩子自己分析不练琴的解决方法是否符合自己的需要。孩子因此有机会看清楚自己的决定，从而主动提出了更好的解决方法。

8岁的孩子每天放学后都要去一个阅读小组读书，但最近拒绝再去了。

按照我原来的想法，第一反应就是这个孩子怕累，不愿意来回跑。不过这次，我先把自己的主观想法放一放，用聆听的技巧来尝试解决，过程如下：

第一步，找到孩子的问题，建立解决问题的意愿。

妈妈："你不想去那里和大家一起读书了，看起来你在那里遇到了一些困难或者不开心的事情，愿不愿意和妈妈谈谈？"

孩子："我总是读得比别人慢！"

妈妈："哦，你总是比别人读得慢，这就是你担心的吗？"

孩子："是啊！"

妈妈："你读书的速度相对别人慢点，这样你感觉有些难为情。"

孩子："是啊！"

妈妈："那你自己想不想像他们一样呢？"

孩子："当然很想！"

第二步，探讨解决方法。

妈妈："噢，其实你是很想也读得快一点的。那怎么样可以让自己读得更快呢？"

孩子："如果我在和他们一起读之前做好了自己的练习准备，不见得会比他们慢。"

妈妈："哦，提前预习是一个好方法，还有吗？"

孩子："还有，老师说一件事情熟能生巧，我多读几遍，熟了也可以更快。"

妈妈："嗯，多读多练也会有帮助，还有没有能够想到的方法？"

孩子："嗯，也可以向老师提问，让老师教我一些快一点的方法。"

妈妈："啊，向老师学习也是一个方法！还有吗？"

孩子："暂时没有了！"

第三步，探讨解决方法的可实施性。

妈妈：“原来你有这么多方法可以帮助自己啊！那这些方法实施起来会不会有难度？”

孩子：“不难，我可以做到！”

妈妈：“那好，现在有三个办法解决这个问题，提前预习、多加练习、向老师取经。我们先按照这些方法来做，如果遇到问题了，再一起想办法好吗？”

孩子：“好！”

第四步，确认解决方法的目标所在。

妈妈：“另外，读书的目的是什么？”

孩子：“读书的目的是让我们记住书本上的内容！”

妈妈：“那如果读得很快，会不会一定记住里面的内容？”

孩子（沉思后说）：“不一定，有的人记得快，但可能很快就忘掉！”

妈妈：“那这样好不好呢？”

孩子：“不好！”

妈妈：“那怎样才是好呢？”

孩子：“读得又快，记得又牢！”

妈妈：“嗯，这是最好的结果！如果我们做不到快和牢兼顾，你认为哪个更重要？”

孩子：“记得牢最重要，然后尽量读得快，但是如果记得很牢，读得稍微慢点也没有关系！”

妈妈：“哦，妈妈可不可以这样理解，你的总结是：①无论读书快慢，关键是要记住里面的知识。② 如果你有方法把知识记牢，未必一定要读得比别人快。③ 因为每个人的方法不同，不可能每种方法都比别人做得好，最重要的是要知道条条道路通罗马。是这样吗？”

孩子：“是的！”

妈妈：“哇！你很有方法来面对自己的问题啊！”

孩子笑得好开心……

点评

聆听最大的好处就是，父母总是能看到自己想不到的真相。

孩子放弃读书的原因，并不真正如妈妈谈话前的猜想——是因为怕累、怕苦。放弃的真正原因是他不知道怎样面对困难。每个孩子都有拥抱困难的勇气，只是需要知道怎么样拥抱困难。

在孩子找到方法时，妈妈使用陪伴式聆听对他的话语内容进行重复和确认，实际上是给他自己再次审视自己想法的机会。

第二节

引导孩子进行自发性学习总结

物理学家Laue说过：

“重要的不是获得知识，而是发展思维的能力。”

“教育无非是一切已学过的东西都已忘掉的时候所剩下来的东西，人们在细节被淡忘之后仍然应该记忆的知识洞察力和技巧。”

这种“所剩下来的东西”，就是孩子主动学习的知识管理能力，是让孩子受用一辈子的东西。

孩子刚开始学写字，有几个字写得不太好。

要是以前，我会直接帮助他擦掉，让他重新写。有几次他非常生气地对我大吼：“我辛辛苦苦写出来的，你为什么给我擦掉？”如果课文没有背好，我会直接说：“背得不熟啊，再读五遍！”孩子虽然有时也会读，但是很恼怒。

这是两个月前的事情了，昨天我采用了新的方式，效果真的很棒，而且让我发现儿子长大了！

整个过程如下：

同样，孩子练习写字，我指着其中几个字问："这几个字感觉如何？"

他回答说："很好！"

我又指着另外的几个不太好的字，问道："这几个字感觉如何？"

他仔细看了看后什么话也没有说，擦掉拿起笔重新写了！

过了一会儿，他背诵一篇课文。背完之后，我问他："你觉得这次背得怎么样？"

他不好意思地说："不太熟。"

我又问："那怎么办呢？"

他立刻说："妈妈，我再读几遍，再背一下！"

我说："好的，那你觉得还要再读几遍才可以呢？"

他说："再读五遍吧！"

我说："好的。"

孩子主动读了五遍，然后对我说："妈妈，可以了，这次我背给你听！"

妈妈分享

当孩子很流利地背诵完课文，我看着他得意又开心的样子，心里非常感慨。当孩子主动做事的时候，父母也欣慰，孩子也有成就感。

幸好我很早就开始接触马宁老师的教育方法了，这让我深深地相信，孩子有自己的美好愿望，做父母的陪着他去实现就好了！

点评

要让孩子学会走路，不是告诉他必须怎么走，也不是立刻就放开手。

小学一、二年级的孩子，父母需要培养孩子自我学习总结、检查和管理的能力。

表面上看，只是写字、算术，不过不要小看这些简单的练习，在这些过程中，培养孩子学习习惯，对于以后学习更复杂的知识体系有着非常重要的意义。

有的父母为了让孩子独立，从一年级起就让孩子自己写作业，父母有意不闻不问。从众多的生活案例中，我总结出，虽然这样可以锻炼孩子的独立性，但通常会导致两个方面的问题：

一方面，孩子在低年级时可能就会成绩一般。

我在对一年级小朋友的调查中发现，那些写作业没有父母陪伴的孩子，有相当一部分在考试中很难考到满分。（我们并不是要求孩子每次都要得满分，然而适度的好成绩，会让孩子在做这件事情的时候，心里有更多的成就感和主动性。）一年级的孩子，头脑思维的能力还是有限的，很需要父母帮助总结和引导。如果父母没有及时引导，由于一年级的学习量还不算大，看不出差距，到了三年级之后，学习内容逐渐增加，孩子隐藏的问题就慢慢开始暴露。如果父母只要求孩子的行为改变，却不从深层次帮助孩子解决问题，就更容易给孩子造成学习的压力和自身的无助感。于是，这些孩子在学习方面的成就感越来越少，成绩越来越普通。

有一些三到六年级的孩子被父母带来做咨询，我发现那些磨磨蹭蹭不想写作业、整天脑子里不知道在想什么的孩子，几乎有一个共同的特点：就是觉得写作业是件很孤单的事情，而且非常繁杂。经过了解，这些孩子从一年级开始父母就放手了。

因此，关注孩子一、二年级时期学习习惯的养成尤为重要。这些学习习惯，不仅仅是针对学习知识的内容的掌握和学习独立性的培养，更涵盖了学习总结能力、时间管理能力、对各种事情统筹规划的安排能力。这样，三年级之后父母的引导就会轻松很多。就像在孩子刚刚学走路的时候，父母要多花时间陪他练习，等到他自己掌握了平衡，父母就可以轻松很多了。

另一方面，在学习和成长的过程中，过度缺乏父母的关注和引导，可能是孩子在中考、高考等重要时刻出现厌学和惧考现象的一个重要原因。

我发现有一些家庭，父母工作成绩显著，孩子学习成绩非常出色，父母自豪地说："我孩子的学习从来不需要我管，从一年级就没有管过他。"但是，孩子却在中考和高考前夕厌学和惧考，父母困惑了。按理说孩子在学习方面很有成就感了，为什么还会不自信？

孩子的回答是："他们太相信我了，所以总也不管我！我必须不停地做得更好，我知道这才是爸妈想要的，只有在我有好成绩的时候，我才会看到他们对我的认同。所以，我很担心失败，担心失败后面爸妈的失望，如果他们对我失望，我就失去了唯一和他们亲近的机会，唯一得到他们认同的机会！"

随着年龄的增长，孩子这种内心的恐惧会随着面对的挑战的难度增加而同时增加，在越重要的事件面前，他们的压力会越大，于是出现没有办法面对中考、高考这样重大的时刻的情况。

父母适时的陪伴是孩子信心与安全感的最初来源。

父母不能从一个替代的极端走到另外一个冷漠的极端，尽管这一切是无心的。除了关注孩子的成长结果，还要关注和支持他的成长过程。

一天，10岁的孩子拿着期中考试试卷回来，对我说："妈，你看我这里粗心扣了8分，那里小数点扣了4分……本来我可以考得很好的。"

以往这种情况，我会回答她说："你现在还只是小数点的问题，这样继续下去，我看你不及格的可能都有！"然后她就会瞪着眼、噘着嘴对我说："哎呀，妈妈……不和你说了！"

现在我意识到，这是一个帮助孩子总结的好机会，于是使用技巧试了一下，效果还真的不错，我把它记录下来，分享给大家。

第一步，总结问题根源。

妈妈："看起来，考试的成绩不如你的心意，心里有些遗憾！"

女儿："是啊，我本来可以考得很好的！这和我原来的打算是有差距的！"

妈妈："那怎么办呢？"

女儿："我需要再仔细点。"

妈妈："哪几个方面要仔细呢？"

女儿："小数点！我经常会忽略它，把3.2看成32。"

妈妈："还有吗？"

女儿："还有我总以为我会了就能做对，所以没有仔细检查。"

第二步，寻找解决方法。

妈妈："哦，原来没有注意小数点，又忽略了检查。不知道有没有改进的办法呢？"

女儿："我下次考试的时候注意这两点就好了！"

第三步，确认从现在开始的、可行的具体措施。

妈妈："哦，你觉得光考试的时候注意就可以了吗？从现在开始可以做些什么，能够尽早地帮助你解决这个问题吗？"

女儿："嗯，我以后每天做完作业都检查一下，尤其是小数点！这样考试之前我应该就可以把这个问题解决了！"

第四步，再次确认方法的使用效果。

妈妈："这个方法用起来会不会有困难？比如说要考虑时间是否充分？"

女儿："嗯，我会注意的，谢谢妈妈的提醒！"

妈妈："既然你决定了，那就坚持你的想法吧！加油！"

妈妈分享

我发现这个方法可以让我轻松很多，以前我说很多次，孩子都没有什么变化，下次该怎样还怎样；而这一次不同，不但前天自己做了总结，而且经过我的观察，她这两天作业写完之后，的确是做了检查，她以前做作业很少主动检查的！

点评

（1）孩子学习的主动性和父母对他的认同度关系非常密切。

对于孩子的自我总结，父母不要去嘲讽，即便父母自己不是有意的。很多父母会在孩子某一天恍然大悟做自我总结的时候说："我早就说过你了！你还继续照做，所以你是咎由自取！""这不就是我以前对你说过的吗？你不是不愿意听吗？"

谈话的过程中，比较忌讳从这个事件带出以往的事件。

如果父母更关注孩子的个性成长，就必须放弃部分的自我成就感，把这份成就感给予孩子，这样孩子就会更加自信地面对自我和困难。而缺少成就感的孩子，行为改变的动力就会比较少。

当父母把注意力放在解决问题上，而不是问题的最坏影响上，以往的应对模式就会发生改变，孩子的行为就会开始改变。

（2）当孩子在总结原因时，父母的提问越是能落实到行动的细节，孩子就越清楚自己能为解决这个问题做什么。

在这个案例中，当妈妈听到孩子说"要注意小数点"的时候，并没有停下来，而是继续发问"如何解决小数点的问题"，孩子说考试的时候要注意，妈妈还是觉得没有落实到具体行为，因为这个计划太遥远。为了落实到现在可行的行为上，继续提问，于是孩子说出了最后的方法："我以后每天做完作业都检查一下，尤其是小数点！这样考试之前我应该就可以把这个问题解决了！"

（3）另外，“这个方法用起来会不会有困难？”这句提问再一次让孩子确认自己当下的能力状况，想到的方法是否切实可行。

尽管是很简单的案例，却透露了帮助孩子为梦想努力的细节。成功除了要树立方向，更多的是细节操作的日积月累，这个过程不能避免。

第三节

引导孩子进行自我日常行为管理

孩子自我行为的规范能力，需要靠点点滴滴的小事来培养。生活中的自我管理和学习管理能力，将会对孩子成人后的工作和生活的自我管理产生巨大的影响。

父母需要注意，不仅需要帮助孩子接受规则，还要让孩子学习自己建立规则。

早晨上学，女儿对妈妈说："妈妈，我害怕上学！"

第一步，解决孩子谈话意愿问题，并约定恰当时间，暂时舒缓孩子情绪。

妈妈："哦，你害怕上学，看起来学校发生了一些事情让你感到不开心了！"

女儿："我害怕迟到。"

妈妈："哦，是不是这两天早读迟到了？"

女儿："嗯，老师昨天说我这个星期迟到了几次，而且昨天的早读进行了一大半我才到。"

妈妈："那看起来可是个比较大的问题呢！怪不得你这么担心呢，看来我们要开个小会来解决一下这个问题了，需要吗？"

女儿："需要！"

妈妈："那今天晚上我们一起来好好谈谈怎么解决这个问题好吗？"

女儿："好！"

由于早上急着上学，时间非常紧，因此妈妈采用了临时性拒绝的方式，约好晚上再谈。

第二步，探讨影响因素，以及解决的方法。

晚饭后，女儿早早准备好了，坐在客厅沙发上等妈妈。

妈妈："我们现在来谈谈关于你早上说的迟到的事情？"

女儿："好！我在等你了！"

妈妈："我们先来看看早上的时间安排，是什么原因导致了迟到呢？"

女儿："早上我爱愣神，所以动作有点慢。"

妈妈："那怎么办呢？"

女儿："我如果提前10分钟出门，就可以按时上早读了。"

妈妈："那具体是几点呢？"

女儿："7点45分。"

妈妈："好的，记下来了！"

第三步，妈妈提出一些问题，让孩子进一步确认解决方法如何更加恰当。

妈妈："没问题，只是我担心你有时候没睡醒，还想多睡一会儿，可是一睡就睡过了头。"

女儿："那就再叫我一次吧！"

妈妈："这个方法也挺好的，起床叫两遍。只是我晚上睡得晚，担心早上起不来，影响到你起床的时间。"

女儿："那就用手机或者闹钟叫我起床吧！"

妈妈："好的，那就拿我的手机定闹钟，如果你起床了一定要叫我！我怕我睡过了头，影响你上学。"

女儿："好吧！"

妈妈："那么闹钟定几点呢？"

女儿："第一次定在6点50分，第二次定在7点整。"

第四步，确认总结。

妈妈："好的，记下了。用妈妈的手机定两次闹钟，6点50分响，开始醒觉，7点响的时候，就一定要起床了。你起床之后一定要来叫我起床，最晚7点45分出门。那好，早餐就交给我来做好了，你负责整理自己的书包、饭盒，以及刷牙、洗脸、梳头、换衣服。还有其他需要注意的或者是妈妈能帮助的吗？"

女儿："没有了！"

妈妈："那我们就先尝试着做一个星期，然后看看效果怎么样，如果有问题再调整，怎么样？"

女儿："好！"

点评

这是一个非常完整的协助案例。

（1）让孩子来叫醒妈妈，是一个充满智慧的方法。

当孩子被叫醒的时候，她可能还会赖床，因为她把起床的责任交给了妈妈；当她需要负责叫醒妈妈的时候，她就会主动地为时间的安排负责。

（2）妈妈在孩子每次提出方案的时候，都会复述确认，让孩子有机会更加明确谈话的进程，多一次机会审视自己的提议。

（3）在确定方案之后，妈妈再次确认两个人的分工，让孩子更加清晰地了解自己需要做的事情。

（4）给解决方案加上时间期限，便于规则的实施、调整和总结。

父母在调整孩子的行为时，需要避免没原则地唠叨。一旦和孩子商定了原则，就要坚持做到。

尽管方案刚开始实施的时候孩子可能会觉得有点困难，但别担心，在这个过程中需要孩子自己慢慢掌握行动的节奏。

当然，如果孩子总是迟到，而父母也想和孩子一起面对和分担，可以私下和老师通电话，告知最近在做孩子的工作，希望老师在管理批评的同时给予适当理解。不过，最好不要当着孩子的面这样做。否则，孩子会认为爸爸妈妈能够帮助自己获得老师的通融，从而不把迟到当成一回事。

和8岁的儿子商量周末的家庭活动。

第一步，确定谈话意愿。

妈妈：“我们找个时间一起来商量下周末怎么过如何？”

儿子：“商量什么呢？”

妈妈："我想把这个周六的上午安排成家庭清洁日。看起来你还没有正式加入我们周末的家庭清洁活动呢，你愿意一起来参加吗？"

儿子："好的！现在就可以谈。"

第二步，探讨共同目标。

妈妈："那我们先来看看，总共要做些什么事情？"

儿子："扫地，拖地，擦桌子。"

妈妈："嗯，还有清洗衣物、清理厨房、熨衣服、收拾客厅和卧室。大概就这些。做完家务，就要做饭了，还需要择菜、洗菜、淘米、煮饭、炒菜、洗碗。那么你能够做些什么呢？"

第三步，探讨孩子可操作的部分。

儿子："我在学校已经学会了扫地、拖地和擦桌子，我可以做这些。我还可以洗碗。"

妈妈："好的，我记下来了，除了这些，你还能做什么呢？我觉得你的卧室好像也需要清理，由谁来做呢？"

儿子（笑）："噢，对了，由我自己来做。"

妈妈："清理卧室具体要做什么呢？"

儿子："整理我的书桌、书包、文具，地上的玩具，还有我的衣柜！"

第四步，确认孩子可操作部分的可行性。

妈妈："那么哪些是你会做的，哪些是需要妈妈帮助的呢？"

儿子："我的书桌和文具可以自己来整理，玩具也可以自己来整理，衣柜需要妈妈帮助，我不知道衣服该怎么放！"

妈妈："哦，好的，我知道了，你要整理自己的书桌、文具和玩具，衣柜需要我帮忙整理……好，等一下我来帮助你一起把衣服分类放置。这样一来，你是否还有时间扫地、拖地、擦桌子和洗碗呢？"

儿子："啊！太多事情了！"

妈妈："哦，你觉得这样要做的事情太多了，这些都是你会做的，那么你看这些会做的事情中，你可以在这个周六安排时间做哪些呢？"

儿子："那我就先收拾自己的房间，下次再扫地，如果我做完了感觉不累的话，也许可以在饭后洗碗。"

妈妈："哦，你最后的决定是，整理自己的房间，比如书桌、文具、玩具和衣柜。然后，如果不累的话，你很愿意在饭后帮助妈妈洗碗。如果还有时间，你也可以考虑帮忙扫地、拖地或者擦桌子？"

儿子："是的！"

妈妈："好的，那么我们就先这样安排，有问题到时候互相帮助好吗？"

儿子："好的！"

点评

孩子刚开始参与家务劳动的时候，父母要遵循从少到多的原则，让孩子量力而行，并且给予孩子一定的时间来熟悉。

经常看到一些父母在孩子扫地的时候，在旁边不停地说：

“看，你怎么扫的地？扫过的地方都是灰尘，还要我重扫！”这样，孩子的积极性就会受打击。因此，在协助孩子成长的同时，更要注意肯定他已经成长的部分。

当孩子熟练了周末的家务劳动后，就可以让孩子在平时也参加几项家务活动，等他把这几项行为练熟，可再按照孩子的能力状况，由他来决定是否可以增加一到两项新的内容。

第四节

引导孩子正确认知学校规则

孩子的个性成长需要维护。如何在个性成长的同时，兼顾学校的规章制度呢？

孩子上初中，因为他在午休时间打篮球，老师没收了他的篮球，还把父母叫到学校。

回到家，儿子生气地对父母说："我真想揍他一顿。"

第一步，舒缓孩子情绪，找到问题根源。

妈妈："老师没收了你最心爱的篮球，让你很生气。其实妈妈觉得你们多打篮球对身体也挺好的，但是不明白老师为什么就不让你们打呢？真的很奇怪！"

儿子："是啊！只是比下午规定可以活动的时间提前了10分钟而已，他就没收了我的球。提醒我就好啊，为什么要没收？还要叫你们到学校？"

妈妈："哦，原来你没有在学校规定的时间内打篮球，所以老师要管你，但你还是觉得老师的处罚有些严厉。"

儿子："是啊！根本没必要！他还对我说别的同学没睡醒，都只有10分钟了，也该起床了。平常也是这样，不允许我们课间打篮球，说打篮球会满身汗味。"

妈妈："哦，经常不允许打篮球，让你很着急。"

儿子："是啊，我们下个月有场篮球赛，以前每次都是我们拿冠军，这次参加的有个外校的班级比较厉害，要多练习才可以拿下他们。"

妈妈："哦，原来你是为了比赛而在做准备，妈妈觉得你很执着，为了准备比赛，不放弃任何空余时间来进行练习。真不错，孩子！你长大了，有自己的想法了，还能坚持想法、付诸行动，妈妈为你高兴！"

儿子（很骄傲的表情）：……

第二步，建立孩子解决问题的意愿。

妈妈："所以，妈妈更希望你的这份努力可以被更多的人理解和支持，如果遭到老师或者别人的误解，妈妈会感到不安的。我们一起来看看怎样可以既练好球，又得到老师更多的支持，好吗？"

儿子："好！"

第三步，从学校和老师的角度，探讨影响因素。

妈妈："现在我们来看看老师为什么不允许那个时间段打球。"

儿子："这是学校规定，午休时间不可以打球。"

妈妈："看起来老师并不是针对你一个人的，无论是谁在这个时候这样做，老师都会不允许，是吗？"

儿子："是的！"

妈妈：“那午休时间为什么就不能打球呢？”

儿子：“老师说会影响他人的休息，但是只有10分钟而已啊！”

妈妈：“是啊！如果你不是急于比赛，你中午在这个时候会干什么？”

儿子：“午休！”

妈妈：“如果你很累，午休没有结束，有人吵闹，你感觉怎么样？”

儿子：“非常生气，因为没睡够。”

妈妈：“那个时候需不需要老师维护？”

儿子（声音小了很多）：“需要！”

妈妈：“看起来你也是需要老师维护规则的，并不是想要破坏规则的。而老师也不是针对你来处罚的，他是为了保护所有人的利益，甚至包括你，是吗？”

儿子（声音更加柔和）：“是的！”

第四步，寻找解决方法，平衡孩子的个性需求和学校规则。

妈妈：“那怎么办呢？”

儿子：“我还是要练球啊！”

妈妈：“是啊，学校规定也要服从，球也要练好。”

儿子：“学校可以练球的时间太少了，也没有办法。要不我们商量下，放学之后找地方再练，周末也集中练习！”

妈妈：“你觉得时间够吗？能安排过来吗？包括你周末的学习？”

儿子：“我会努力安排好的！”

妈妈：“好的，那先这样试试看，有问题再和妈妈探讨好吗？”

儿子：“好的！”

妈妈：“那老师那边？”

儿子：“我去向他道歉咯！”

点评

在第一步的谈话过程中，妈妈不断肯定孩子的各种感受、动机和出发点，让孩子觉得被理解和尊重。

同时，妈妈邀请孩子进入下一步解决问题的表述也非常重要，“妈妈更希望你的这份努力可以被更多的人理解和支持，如果遭到老师或者别人的误解，妈妈会感到不安的。我们一起来看看怎样可以既练好球，又得到老师更多的支持”，这句话既尊重了孩子的个性，又引导孩子明白个性和外界的规则并不是完全矛盾的，可以兼顾考虑。

第三步的引导非常重要，妈妈并没有采用说教的方式，而是让孩子学会换位思考，了解老师和学校的出发点和规章制度的作用。这才有可能在第四步让孩子自己得出客观的解决方法。

通过这个事例，再来谈谈怎样看待家庭和学校的关系，怎样协助孩子正确认识学校的规则，这也是父母们关注问题的重点。

学校是建立规则的地方，而家庭是陪伴孩子适应规则的地方；学校是孩子学习知识的地方，而家庭则是孩子整体素质得到培养的摇篮。二者的角色不能搞混。父母不可能和老师扮演同样的角色，也不能要求老师扮演父母的角色。

父母对孩子的协助既要认同孩子的情绪，也要适当地理解学校和老师教育的出发点。如果父母只是尊重学校规则，没有考虑到孩子的感受，很可能让孩子反感，“你们大人都是一条战线上的，我们有代沟，你们不可能理解我”；如果父母过于考虑孩子的感受，觉得规则过于严厉，又可能会影响规则在孩子心目中的地位。一个对老师和学校规则不具备足够认同感、信任感和尊敬感的孩子，怎么能够在学校里学习到足够的知识呢？他学习的动力自然就会受影响。

父母需要让孩子了解：规则是什么，规则不仅仅是告诉孩子什么不能做，更重要的是，它是为了保证大多数人的利益，包括孩子自己。

尊重规则不是拒绝孩子的个性，挫败他的锐气，或者把他塑造成违背自己天性的人。所有的界限，都能让孩子在可接受的行为范围内，更好地做他自己，更多地学会爱与尊重。

第五节

让孩子学会平衡“谦让”和“争取”

如何看待孩子和他人之间的关系处理？发生矛盾的时候，到底是要孩子维护自己的利益，还是考虑他人的感受？

以下两个案例能让我们了解：简单的妥协或简单的自我坚持，都不是最好的解决方法。我们需要找到一个平衡点。

有一次，我、女儿、我的朋友、朋友的孩子一起到郊区游玩。回家的路上，我看出来朋友的孩子非常喜欢女儿手中的芭比娃娃。

我把女儿叫过来，悄悄地对她说：“那个小朋友好像很喜欢你手中的芭比娃娃哦！”

女儿看了看那个小朋友，又低下头看看自己手中的玩具：“可是我也很喜欢！”

我说：“那怎么办呢？”

女儿想了想，大大方方地对小朋友说：“姐姐，我知道你很喜欢这个芭比娃娃，我愿意让你现在玩一会儿，但是下车的时候，你要还给我！”

小朋友点点头，女儿自己把娃娃给了小朋友。

下车的时候，女儿从小朋友的手中拿过娃娃说：“姐姐我到家了，娃娃我拿走了。如果你还想要玩，可以下次再来我家里一起玩！再见喽！”

妈妈分享

看到孩子自己处理得这么好，我特别有感触。孩子坦然的表达让我深深地震撼！

一个4岁的孩子，可以兼顾别人的感受，做出相应的牺牲，一路上不玩娃娃、让姐姐玩，同时又没有一点的委屈，把自己也照顾得这么好。

这让我更加相信，孩子本身就具备想要协助别人、替别人考虑的特质，孩子的心中充满更多坦然的爱，只是他们的方式可能不完全和父母相同，但这并不意味着父母就一定对。

我自身是一个不太会拒绝的人，所以经常让自己很委屈，如果我直接教给孩子方法，也不见得有这样的结果。

现在，每当在外面玩的时候，小朋友们来找我说：“阿姨，可不可以把这个玩具给我玩玩？”我都会说：“对不起啊，这个是我女儿的东西，你需要去对她说！”从而提供更多的机会让孩子自己在生活中建立自我安全感。

我相信她的每个决定都含有自己的想法，而父母要做的就是在她遇到困扰的时候陪伴她一起度过！

点评

按照传统处理方法，家长可能会直接命令孩子："把你的玩具给小朋友玩玩！"

如果孩子不同意，父母可能还会说："又不会给你抢走，她只是玩玩而已。给她玩一会儿吧！"

中国有一种传统美德，就是"谦让"。然而，我们在传承这份"谦让"的时候，往往走入了一些误区。比如，当孩子相争的时候，父母往往直接要求自己的孩子把东西让给对方。

这样导致的第一种可能是，如果这个玩具是孩子非常心爱的，父母越是这样，孩子越是不愿把自己的玩具给对方，因为他觉得连身边最亲近的爸爸妈妈都不能够帮助自己，所以"要保护好自己喜爱的东西，不能被他人抢走""别人问我要就可能会被抢走"。于是孩子的自我保护的心理会越来越严重，还可能出现防御式攻击行为；甚至可能对妈妈产生怀疑："妈妈，你到底爱不爱我？为什么你对别人比对我还好？"

还有一种可能，用一个例子来说明。

三个小孩玩一种游戏牌，有红、蓝两种颜色，三个孩子把两种颜色的牌平均分配给彼此，各自拿着玩。

这个时候，孩子A提出想法，他想要红色的牌，孩子B表示同意，于是把自己手中的红牌都给了孩子A。

但是孩子C不同意，他觉得如果把自己的红牌给出去了，自己的牌就少了！于是提出一个条件："除非把蓝牌都给我，我才愿意把红牌给你。”孩子A、孩子B都同意了。

结果是，孩子A拥有了全部的红牌，孩子C拥有了全部的蓝牌，孩子B的手中什么牌都没有了。

这时，看着两个小朋友各玩各的，自己什么玩的都没有了，孩子B开始号啕大哭。

生活中很多的成年人不是也和孩子B一样吗？新买来的相机，自己还没有用，朋友来借，尽管心疼，却还是借给了朋友。借出去后又因为不情愿，就对借相机的人表现出莫名的不高兴。

“谦让”的确是一种美德，人与人之间要学会相互体谅、相互帮助。但是这种“谦让”里面如果有不情愿的东西，我们就可能会希望得到他人的回报，“谦让”也就变成了一种交易式的付出。

我们经常谈到的“牺牲”也是如此，“我为你牺牲了这么多，你却连我这样的一个愿望也不愿意满足。”我们的“牺牲”成为控制对方的一个筹码。

真正的“谦让”和“牺牲”，是心甘情愿为他人考虑和不求回报的付出，但同时又坚守着“尽力而为、量力而行”的底线——不过分地为难自己，不刻意地讨好别人。唯有让自己心安理得，不过分、不勉强，才能让我们的付出更加单纯，更能“可持续发展”。

第一个例子中的小女孩，就给了我们一个非常好的展示。

她恰当地满足了自己的需要——“很喜欢这个芭比娃娃，想珍惜它”，所以“我不能送给小朋友”“我要带回家”。同时又适当地放弃了自己的利益，满足了小朋友的需要——“路上给你玩”。回家的时候也没有忘记考虑到对方的感受——“如果你还想要玩，可以下次再来我家里一起玩！”

孩子的成长是需要分阶段的，要先有较为清晰的自我认知，并且有足够的能力满足自己，然后才谈得上分享、合作等其他品德的培养。

当父母用这样的方式陪伴着孩子，让孩子以自己的眼光主动看待这个世界的时候，孩子就开始为自己的问题思考、负责任并学着解决问题，真正自信而又主动地成长了。

女儿：“明天我们到姨妈家去玩，我想给表姐带个礼物！”

妈妈：“好啊！和表姐分享你的礼物，这个主意真不错！你想带什么呢？”

女儿：“上次她把她最喜欢的彩虹灯送给我了，这次我想把我最喜欢的毛绒熊送给她。”

妈妈：“这个毛绒熊是你每天都要抱着睡觉的，送给她之后，你会不会到了晚上想它，又觉得委屈？”

女儿（沉默了好一阵）：“……那我还是给她送另外一个我也非常喜欢的小绒猴吧！里面还可以装唱歌的VCD光盘。”

妈妈：“希望你没有太为难。”

女儿：“送她这个没问题！”

妈妈分享

女儿和表姐的关系非常好，经常互换东西。但也有时候，送出去的东西回过头来又不想给对方了，而对方又很喜欢不愿意还，结果两个人闹得不开心。虽然明白小孩子的吵闹是正常的，但是对于孩子随便做决定的方式，我有些担忧，毕竟出尔反尔不太好。

这次经过引导，她相对慎重地做了决定，并在表姐家玩得很开心，没有出现我原来担心的事情，我舒了一口气。以后真的要多用这样的方式进行引导，让孩子在做一些决定的时候，多加考虑。

点评

别小看这样的事例，孩子长大以后，会面临着就业、婚姻等多种抉择，每一个机会就如同他们幼小的时候喜欢的物品。如何处理其中的人际关系，在儿童时期就开始要学习了。

女儿想和小朋友分享自己喜爱的物品，这是一件很好的事情，但如果孩子没有决定好用哪一种方式就贸然行动，可能导致彼此的埋怨。

成人间经常说："要想好了再做！"孩子，也需要慢慢学习这个本领。"引导式聆听"让孩子从小学习看清自己的现状，培养对各种结果的接受能力。

参考表述

"你觉得这个决定实现起来有难度吗？"

"做这样的决定你会不会有委屈、有遗憾？"

在我们以往的模式中，或者孩子的周围环境中，都可能给孩子造成一些印象："别人的需要比我自己的更重要。"因此当孩子看到别人的需要，就容易忘记自己也有需要。

一个孩子，如果从小不被允许有充分的机会了解自己，长大后就很容易情绪波动、受别人影响，做事情的过程中只要别人表现出一些不认同，马上就很容易放弃。成年后，总会说"搞不清楚自己是什么人""不清楚自己能做什么"。这是因为，他从小在心里就没有自己的标准，总是把别人的标准当成自己的标准，把别人的需要当成自己的需要。

现在，父母如果能在孩子体谅他人的同时，引导孩子正视自己的承受底线，就可以帮助孩子平衡人际关系中别人和自己不同的需要，既坦然地照顾自己，又能帮助他人。

第六节

引导孩子正确认知与其他家庭成员的冲突

家庭生活中，经常看到孩子和其他家庭成员起冲突和争执。都是至亲的人，怎样处理这样的事情呢?

在这里和大家分享两个案例，探讨如何避免把问题复杂化。

出差前，孩子对我说：“妈妈，你不要出差，我害怕爸爸！”

以前听到孩子说这样的话，我会觉得很心痛，现在我知道，任何一种不舒服的感觉，都是她成长必须经历的一步，在这些感觉中她将得到宝贵的经验。于是我使用了聆听技巧和孩子对话。

第一步，建立解决意愿。

我：“你觉得爸爸很厉害？”

孩子：“是的。”

我：“外面会不会有很多像爸爸一样或者比爸爸还要厉害的人？”

孩子：“有很多！”

我：“那如果每次见到他们就躲着跑，我担心你能待的地方会不会越来越少，你愿意吗？”

孩子：“不愿意！”

我：“那如果我们尝试着和爸爸这么厉害的人交朋友怎么样？如果这么厉害的人你都可以交上朋友，在你遇到困难的时候，可以有这么厉害的人帮助你，感觉怎么样？”

孩子：“嗯，太好了！”

我：“好啊，我们从爸爸开始，学习怎么和厉害的人交朋友如何？”

孩子：“好！”

第二步，探讨解决方法。

我：“那我们能做点什么呢？”

孩子：“妈妈，你能不能帮助我和爸爸谈谈，让他在你出差的时候不要对我发脾气？他发脾气我很害怕！”

我：“妈妈可以尝试着和爸爸谈谈，最重要的还是晚上你也要和爸爸再确定一下。我想爸爸发脾气一定是因为有些事情让他不满意或者担心，你能不能让他对这些事情更加放心呢？这样可能更好谈一点。”（解读爸爸的感受）

孩子：“爸爸总是说我吃饭慢！”

我：“哦，那怎么办呢？”

孩子：“那我保证快快吃！”

第三步，继续确认解决方法的操作效果，找到其他解决方式。

我：“如果你今天保证了，后来又没有做到呢？”

孩子：“嗯，爸爸可以提醒我，但是不可以太严厉。我也会努力的！”

我："哦，你觉得爸爸听你这么说会接受吗？你再想想，哪些地方没有考虑到？"

孩子："暂时没有了，你也帮助我和爸爸谈谈，然后我晚上再和他谈好吗？"

我："好的！"

下午，我和先生做了单独沟通，达成一致意见，并决定由先生负责就这个意见直接和孩子交流。

到了晚上，我当着孩子的面对先生说："宝贝说如果我出差，她会有点害怕，你愿意帮助她一下吗？"（帮助孩子解读她的感受）

先生很会意地过来说："宝贝害怕什么呢？爸爸来帮助你！"

我："宝贝担心我不在的时候，爸爸会过于严厉地批评她！"

先生："哦，你觉得平时我对你过于严厉了吗？"

孩子依偎到父亲怀里说："爸爸，就是我吃饭的时候，你有些严厉，让我有些害怕！"

然后我就听到先生说："那你吃饭太慢，饭都凉了，爸爸担心你的肚子会痛。"

孩子回应道："那我就快快吃，你放心……"

在他们对话时，我离开了，我知道那是父女之间的事情，我只负责穿针引线。父亲和女儿都有权利单独和对方对话 。

半个小时后，孩子兴高采烈地来对我说："妈妈，我和爸爸约定好了，这几天他好好和我谈话，不发脾气。我努力吃好饭，自己写作业、装书包！"

我：“哦，这样啊，你很厉害啊，这么快就会和爸爸这么厉害的人打交道了！而且看起来，爸爸虽然厉害，但是只要我们努力面对，还是有可能让他理解我们的哦！”

“是的！”孩子像欢快的小鹿一样，蹦蹦跳跳地进了房间。

下一次出差，孩子没有了任何的担心，只是说：“妈妈，你走了我会想你的！”

点评

这种案例处理的难度比较大，因为涉及孩子、妈妈和爸爸三者之间的关系，处理不好就会产生更多的家庭矛盾。

（1）不要过度强调他人的好意，也不要过度强调孩子的感受。

这种问题的处理非常容易进入两个误区：

误区一：只关注他人的心理需要。

这是一种传统的解决方法。比如过度解释父亲的想法和感受，“你爸爸也都是为你好！再说你吃饭慢也是事实，这不是你爸爸的错！”孩子会感觉，“你们都是一样的，和你说还不如不说，爸爸已经这样说我了，你还说！”她内在的不安全的情绪会被加重。

误区二：只关注孩子的心理需要。

如果孩子一说“妈妈你快回来”，妈妈就回来了，放下手头所有的工作——因为“孩子太需要我了”。其实，是父母自己太需要那种被需要、被认同的感觉！当一个幼小的孩子把父母当作

“天”的时候，父母这种“被需要”“被认同”的感觉能够得到最充分的满足。

然而当孩子慢慢地长大，需要拥有自己的能力去面对问题的时候，父母如果没有注意到自己潜意识中的这种需要，会不自觉地不想让孩子离开，于是不允许孩子拥有和父母不同的意见、不同的能力，甚至不允许拥有和其他人的良好关系。虽然这些感觉都是无意识的，但无论父母是有意还是无意，孩子会以不愿意长大、不愿意相信他人来作为对父母这样的行为方式的回报。结果，当孩子一有问题，就跑到父母这里来。于是家成了孩子的避难所，孩子失去了自己面对世界并和世界交朋友的机会。

要让孩子在每个暂时的难题中学会应对，而不是“逃跑”。协助是为了不协助，教是为了不教。父母要做好这样的心态上的准备：“我理解你的难过，我更要帮助你找到解决这个问题的方法！”具体的做法就是，不但理解孩子的感受，而且要让孩子看到对方行为背后的动机和感受，从而能客观地看待这个事件。

（2）“老母鸡式”的保护会无意中把其他家庭成员排除在自己和孩子的关系之外。

很多家庭中的父亲角色缺失，就是因为母亲过于保护孩子，无意识当中把父亲推了出去，导致孩子不把父亲的话当回事。

要知道，孩子不是母亲一个人的，父亲甚至爷爷奶奶也都有用他们自己的方式和孩子相处的权利。

在家庭角色中，母亲一般扮演着关系连接的角色，而父亲扮演着教育孩子学习规则和认知的角色。虽然不是每个家庭都如此分工，但是这两种角色对孩子的影响都有意义，关键是让孩子在规则的传授中感受到充足的爱意。因此，另一方在其中的穿针引线就更为重要。

父亲或母亲方面最好不要介入孩子和父母中另一方或其他家庭成员的关系。这其中的窍门就是，不要去说我到底是赞同谁或者是不赞同谁，而是要去解读双方的感受，让孩子客观认知问题，并且自己决定怎么做。

（3）母亲可以协助，但不能替代解决孩子和他人之间的问题。

这个案例中涉及两个阶段的对话，目的是协助孩子面对自己的问题——和爸爸面对面地交谈，同时避免自己被卷入到孩子和父亲的关系当中。

在孩子没有能力单独面对的时候，父母可以陪同，但是不可以替代。比如，妈妈告诉孩子："妈妈可以尝试着和爸爸谈谈，最重要的还是晚上你也要和爸爸再确定一下。"

由于孩子还比较小，在某些表达上不够清晰，如果由孩子直接和父亲谈话，效果可能不好。所以，母亲可以就孩子的问题和父亲提前私下沟通，达成一致。然后，母亲协助孩子面对父亲，由父亲和孩子直接来解决这个问题。

如果母亲在和父亲谈话结束后，直接告诉孩子，父亲已经答应了孩子的请求，孩子的感受会是：爸爸单独对我的时候不是这样的；他之所以这样，是因为妈妈很爱自己，很了解和支持自己，而爸爸又听妈妈的，所以爸爸才会同意。结果孩子会对母亲产生更多的依赖，虽然问题解决了，但对于父亲的认同感和信任感没有真正增加。

当孩子直接从父亲那里得到想要的答案时，她就接受到来自父亲的关爱——爸爸为了我才这样做的！她的自信度以及和父亲的亲密度就提升了。

大部分关于教养意见的争执，都来自夫妻自身关系的矛盾，和谐的家庭关系对于孩子的成长至关重要。

晚上加班，二年级的孩子呜咽着打电话来说："爸爸对我乱发脾气！"

第一步，聆听孩子的情绪和问题。

我："哦，真的啊，听到宝贝这么难过，妈妈好心疼啊！别人对你发了脾气你当然不舒服，妈妈知道！"

孩子："呜呜呜，爸爸一点也不理解我！"

我："哦，你觉得爸爸不理解你？你需要他理解你什么呢？"

孩子（哭声变大了）："我需要他疼我。他一点也不疼我！"

我："哦，你觉得爸爸不够疼你？爸爸做了什么让宝贝觉得爸爸不疼你，这么委屈啊？"

孩子（哭声更大了）："他故意不理我了，无论我说什么他都不理我了！"

我："家里只有两个人，爸爸还不理你了，当然宝贝有些害怕啦！"

孩子："呜呜呜……"

我："难受了当然想哭了，妈妈陪着你！"

孩子哭了一阵，声音减弱了。

第二步，探讨对方的影响因素。

我："那你觉得爸爸这样做有没有他的道理呢？"

孩子："一点都没有！"

我："你觉得他为什么不理你呀？"

孩子（故意）："不知道！"

第三步，在孩子出现情绪的时候，暂缓使用引导式聆听，而是转入陪伴式聆听，再次舒缓他的情绪，并尝试用主动式聆听，核实情绪背后深层次的原因。

我："看起来你对爸爸的做法真的是生气极了！"

孩子（气鼓鼓的）："他就是不喜欢我！"

我："哦，原来你觉得爸爸是因为不喜欢你才说你！"

孩子："嗯，爸爸没有你这么爱我。所以他故意不理我！"（又开始哭泣）

我："哦，你觉得爸爸不够爱你，是故意不理你的？"（找到了孩子担心的问题）

孩子："嗯！"

第四步，提供信息，让孩子自己分析内在问题。

我："我想起来两件事，一是前两天晚上爸爸好像放下所有的事情帮助你做小鼓，一直到很晚才睡；还有一次你半夜牙疼，爸爸已经非常疲惫了，但他坚持送你到医院，解决你的病牙问题！你怎么看待这两件事情呢？"

孩子（哭声停止了）："嗯……"

我："爸爸是爱你还是不爱呢？"

孩子："爱！"（明显在电话中的声音平静了）

我："哦，原来你也可以感觉到爸爸其实是爱你、疼你的！那今天发生了什么爸爸会这样表现呢？"

第五步，当孩子的内在情感得到舒缓后，转向矛盾问题分析。

孩子："他说我刷牙慢！"（内心深层的感受需求被满足，孩子开始探讨行为问题）

我："哦，那你觉得爸爸为什么不愿意你慢呢？"

孩子："担心我太晚睡觉！"

我："他为什么担心你太晚睡觉呢？"

孩子："因为他心疼。"（这个时候的声音已经软软的了）

我："哦，原来，爸爸对你这么严厉还是在心疼你啊！那怎么办呢？"

孩子："现在去刷牙。妈妈，再见！我去刷牙了！"

我："好的，再见，宝贝。"

（在电话挂上之前，我听到孩子对她父亲说："爸爸，对不起，我这就去刷牙！"）

10分钟后，先生笑呵呵地来电话问我："你都给孩子说什么了？刚才还大哭大闹，现在自己刷牙、动作麻利，而且还在浴室里面边唱歌边冲凉。"

我微笑地回答说："其实我什么也没有说，是孩子自己想通了！"

第二天孩子在电话中对我说："我和爸爸玩得很开心！"

妈妈分享

我在使用技巧的时候，发现很多时候事情没有原来想象的那么严重。

当我准备好接受别人的时候，孩子也就跟着学会怎么接受别人，而不是围着我团团转。

只要我们不把孩子抓在身边，很多家人其实可以一起来照顾孩子的。当先生称赞我的时候，我心里特别地自豪！

点评

这种案例的处理难度也比较大，孩子的问题是一个情感问题套着一个行为问题，同时又涉及孩子和父亲之间的关系认知。解决的过程中，有几个非常好的借鉴点：

（1）当妈妈尝试着探讨孩子和父亲之间的矛盾时，孩子出现了一个否定式的阻抗，当妈妈说："你觉得他为什么不理你呀？"孩子气鼓鼓地回答："不知道！"有些对话在这样的情况下非常容易中断。

妈妈的做法很简单，当孩子反驳的时候，使用陪伴式聆听的情感解读，回到孩子本身和父亲情感方面的矛盾部分，"看起来你对爸爸的做法真的是生气极了！"孩子重新感觉被理解，又继续表达。

当父母解读孩子的时候，可能解读得对，也可能解读得不对。如果在解读得不对的时候，继续使用陪伴式聆听技巧——"哦，你觉得妈妈这样说不对"，或者主动式聆听技巧——"那你是怎么看的呢"，谈话就可以继续了。

（2）找到孩子担心的情感问题——孩子担心“爸爸不够爱我”。这时，妈妈并没有替代爸爸做解释，也没有说“爸爸是很爱你的”，而是讲了两个具体的事件，让孩子自己感受和分析。当一个人处于情绪低潮的时候，想问题很容易片面、偏激，这时提供一些事例让她自己感受，效果更好。所以孩子的情绪很快稳定下来。当这个情绪问题得到解决之后，再探讨行为问题，就自然得多了。

（3）在探讨行为问题的时候，妈妈再次使用了提问的方式，帮助孩子了解爸爸做事的良性动机。最为可贵的是在整个过程中，妈妈没有一次解答和说教，而是全部以提问的方式让孩子自己一步步看下去，直到看到爸爸对自己的关心，再一次帮助了情绪问题的解决。于是孩子的行动马上就改变了，并且主动行动。

（4）注意：父母并不是要控制孩子达到某种结果，比如说必须接受父亲的做法，而是让孩子了解到她自己的内在需求，以及孩子不接受的他人行为的真实出发点，然后由她来决定选择用何种方式处理。

生活中，很多父母都会注意到一个问题，其实一些陪伴已经起到了效果，即便孩子嘴上还是赌气地说“不理他”，实际上，过一会儿孩子在行为上就会有所改变。要注意，这个时候尽量避免说“你刚才怎么跟我说的？”或者嘲讽地笑孩子，这样可能会在刚才关系加分的基础上又减分了。

让事情自然地过去，不再被提起，也许是最好的解决方式，这样你的协助会给孩子更多的安全感。把关注点放在解决的效果上，而非孩子对父母的认同上。

第七节

外国老师教授《灰姑娘》

以下是一位国外的老师在课堂上使用陪伴式和引导式聆听，引导孩子认知童话故事《灰姑娘》的过程 。

老师先请一个孩子上台给同学讲《灰姑娘》的故事。孩子很快讲完了，老师对他表示了感谢，然后开始向全班提问。

老师："你们喜欢故事里面的哪一个人物？不喜欢哪一个？为什么？"

学生："喜欢辛德瑞拉（灰姑娘），还有王子；不喜欢她的后母和后母带来的姐姐。辛德瑞拉善良、可爱又漂亮，但后母和姐姐都对辛德瑞拉不好。"

老师："如果在午夜12点的时候，辛德瑞拉没有来得及跳上她的南瓜马车，你们想一想，可能会出现什么情况？"

学生："辛德瑞拉会变成原来脏脏的样子，穿着破旧的衣服。哎呀，那就惨啦。"

老师："所以，你们一定要做一个守时的人，不然就可能给自己带来麻烦。另外你们看，你们每个人平时都打扮得漂漂亮亮的，千万不要突然邋里邋遢地出现在别人面前，不然你们的朋友会被吓着的。女孩子们，你们也要注意，将来你们长大了和男孩子约会，要是你们不注意，被你们的男朋友看到你们很邋遢的样子，他们可能也会吓昏哦（老师做昏倒状，全班大笑）。好，下一个问题：如果你是辛德瑞拉的后母，你会不会阻止辛德瑞拉去参加王子的舞会？你们一定要诚实哟！”

学生（过了一会儿，有孩子举手回答）：“是的，如果我是辛德瑞拉的后母，我也会阻止她去参加王子的舞会。”

老师：“为什么？”

学生：“因为我爱自己的女儿，我希望自己的女儿当上王后。”

老师：“是的，所以我们看到的后母好像是不好的人，她只是对别人不够好，可是对自己的孩子却很好，你们明白了吗？她不是坏人，只是还不能够像爱自己的孩子一样去爱其他的孩子。孩子们，下一个问题：辛德瑞拉的后母不让她去参加王子的舞会，甚至把门锁起来，她为什么能够去，而且成为舞会上最美丽的姑娘呢？”

学生：“因为有仙女帮助她，给她漂亮的衣服，还把南瓜变成马车，把狗和老鼠变成仆人。”

老师：“对，你们说得很好！想一想，如果辛德瑞拉没有得到仙女的帮助，她是不可能去参加舞会的，是不是？”

学生：“是的！”

老师：“如果狗、老鼠都不愿意帮助她，她可能在最后的时刻成功地跑回家吗？”

学生：“不会，那样她就可以成功地吓倒王子了。”（全班再次大笑）

老师：“虽然辛德瑞拉有仙女帮助，但是光有仙女的帮助还不够。所以，孩子们，无论走到哪里，我们都是需要朋友的。我们的朋友不一定是仙女，但是我们需要他们。我希望你们也会有很多很多的朋友。请你们想一想，如果辛德瑞拉因为后母不愿意她参加舞会就放弃了机会，她可能成为王子的新娘吗？”

学生：“不会！那样的话，她就不会在舞会上遇到王子，认识和爱上他了。”

老师：“对极了！如果辛德瑞拉不想参加舞会，就算她的后母没有阻止，甚至支持她去，也是没有用的，是谁决定她去参加王子的舞会？”

学生：“她自己。”

老师：“所以，孩子们，虽然辛德瑞拉没有得到母爱，但这也不能够让她不爱自己。就是因为她爱自己，她才可能去寻找自己所希望得到的东西。如果你们当中有人觉得没有人爱，或者像辛德瑞拉一样有一个不爱她的后母，你们要怎么样？”

学生：“要爱自己！”

老师：“对，没有一个人可以阻止你爱自己，如果你觉得别人不够爱你，你就要加倍地爱自己；如果别人没有给你机会，你应该加倍地给自己机会；如果你们真的爱自己，就会为自己找到自己需要的东西。没有人能够阻止辛德瑞拉参加王子的舞会，没有人可以阻止辛德瑞拉当上王后，除了她自己，对不对？”

学生：“是的!”

老师：“最后一个问题，这个故事有什么不合理的地方？”

学生（过了好一会儿）：“午夜12点以后所有的东西都变回原样，可是辛德瑞拉的水晶鞋没有变回去。”

老师：“天哪，你们太棒了！你们看，就算是伟大的作家也有出错的时候，所以出错并不是什么可怕的事情。我担保，如果你们当中将来谁要当作家，一定比这个作家更棒！你们相信吗？”

通过这段对话，我想再次强调，在找到孩子的问题的时候，不断地复述确认他的问题、方法以及收获，可以更加详尽地帮助他进行总结。

智慧的父母是一个水龙头，引导孩子的智慧自然流放。这样的教育，父母虽然用心，但是不辛苦；孩子进步，但是不痛苦。

06

第六堂课

The Sixth Class

陪同孩子成就梦想
——推进式表述

本堂课属于“父母和孩子都在舒适区域”

你说魔法棒就在我的心中，
当我相信我的内在有无上智慧，
奇迹就会在我面前展现；
你让我看到我的善良、我的美，
还有我的智慧和我的信心；
因此我知道，
我值得被爱，也天生懂得如何爱。

第一节

站在孩子的角度看孩子

生活中不仅有问题区，还有舒适区。如何在和谐的状态中，给孩子营造一个愉悦的氛围，这既是容易做到的，又是容易忽略的。

有时，父母培养孩子就像盲人摸象，缺乏对孩子的整体认识。这样不仅给孩子制造了更大的压力，也给父母自身制造了很多不必要的焦虑。很多时候，不是问题本身，而是问题之外包裹的层层焦虑让我们无法看清问题的原因。

一、孩子的问题真是问题吗

多数情况下，孩子的问题本身并不是问题，只是父母看问题的角度不同，把它变成了问题。

用成人的标准去衡量孩子的饭量，当然会感觉孩子的饭量是有问题的；用成人的体重去衡量孩子的体重，当然会感觉孩子的身体发育是有问题的。

父母会按照生长阶段的特点去了解孩子有形的身体的发育状

况，却非常容易忽略孩子内在隐形人的阶段性成长。

在一次家庭关系的讲座之后，讲台前围着很多的家长，其中有一位4岁女孩的母亲怀疑孩子有多动症。

这位母亲说孩子经常手足乱动。我拿了张凳子给小女孩坐下，其他的家长围成一个圈，把我和小女孩围在中间。小女孩的大眼睛来回看大人们的脸，脚频繁地踢着凳子！

旁边的妈妈评价："你看又开始了。她的腿脚不停地动！"

我替孩子进行表述："一下子看到这么多陌生的叔叔阿姨，当然有些紧张啦！"

孩子点点头。

我继续使用技巧："尽管紧张，可你还是坐在这里，因为我们希望可以配合妈妈！"

孩子点点头。

我说："看出来了，你真的很爱你的妈妈，并且能够管理好自己的紧张，勇敢地面对这么多陌生的大人！"

孩子自豪地笑了，很快，孩子的脚已经不知不觉停了下来。当一个人的好意和爱心被及时看到，他的情绪就会得到舒缓。

我问："你愿意和阿姨说说，你最愿意做什么吗？"

孩子说："看故事书。"

我问："你可以和我们讲讲你最喜欢的故事吗？"

孩子说："当然可以……"

孩子的脚非常安静地停在凳脚上。同时，为了让故事更形象，她的小手在空中做着各种动作来形容她说话的内容。

我示意孩子的妈妈，孩子的脚已经不踢凳子了。

但是妈妈又开口了："你看，她讲个故事非要把胳膊和手这样摇来摆去!"

…………

其实，这不是一个多动的孩子，只是一个有着正常表现欲望的孩子。

开始的时候，由于来到一个陌生环境中，有很多双大人的眼睛都在审视着她。这是一个紧张的开始，所以她的肢体有所反应，表现在腿会不停地踢凳子。

当谈到她擅长的内容时，她紧张的肢体反应没有了，取而代之的是非常流畅自如的肢体反应。

这并非什么病理表现!

点评

很多父母都会担心孩子是不是太调皮了、太好动了，故而常常呵斥孩子"安静"。安静地坐在那里，老人很容易做到，但对于几岁、十几岁的孩子来说，并不见得是一种健康的表现。

孩子的天性就是活泼的，爱动、爱跳、爱闹、爱尝试、爱探索。

生命在不同阶段会有不同的特性表象，如果父母不了解，就会无意中在催熟的过程中阻碍了孩子的成长，很可能一个孩童的天赋会葬送在父母手中。

如果不是孩子的问题，那么就要掉过头来看看父母自身了。

为什么总盯着孩子的一言一行不放？父母是不是把自身的焦虑转移到了孩子身上？

一个13岁孩子的爸爸是个私营业主，事业经营得非常好。谈及孩子的问题，他对我说："我的孩子没有责任感，非常自我，不为周围的人考虑，不懂得妥协，好面子，不合群，相当自卑，没有生活礼仪……我公司的有些员工也像这样缺乏素质，甚至我的部门经理都缺乏。你说像她这样长大，将来怎么办呢？"

我问他："那么当孩子让你非常生气的时候，你主要的应对方式是什么？"

他不好意思地说："当然，我的语气可能重了点，但是话都是真的。我说她：'你这样长大对社会是没有用的！'"

我回应说："这些让你看起来是缺憾的地方，听起来你的员工也有，但是好像他们对社会也不是完全没有用的，我怎么看着，你不是在评价一个13岁的孩子，而是在评价一位企业老总呢？"

"何况，如同你刚才说的，在你的企业中，你的部门经理在这些方面都还有欠缺，你又怎么能够要求一个13岁的孩子完全做到呢？"

孩子的爸爸不好意思地笑了。

点评

父母爱孩子的出发点是好的，引导方向也是对的，但没有意识到孩子的成长一定是分阶段的。

这位爸爸提出的这些问题，是所有人毕生都在修炼和改善的东西，要求孩子在孩童时期全部解决是不可能的。

一个阶段集中解决一个问题，不要所有问题一把抓，否则双方都容易混乱，并且由于进展缓慢，父母和孩子都容易有挫败感。

同时，父母不能把孩子的行为问题全部归因在孩子身上，也需要反省自我，这样才能更好地支持孩子的成长。

父母应该问问自己，孩子的行为背后隐藏着什么样的需要，父母可以给孩子什么。

一个不考虑他人感受、不妥协的孩子，父母是不是对她的精神边界干涉过多？孩子为什么没有生活礼仪？父母制定的行为准则是单方的还是双方的？执行得怎样，坚持原则了吗？自卑又来源于什么？是不是正因为父母急于让她立刻长大，而太少给予孩子阶段性鼓励和认同？

将这些问题归类，分时间梯次进行规划，看看哪些是比较重要而又容易出结果的，哪些是需要长期进行的。

二、要看到孩子成长中阶段性的成绩

父母总急于想要孩子成为父母心目中“最理想”的那个样子，永远对孩了有着更高的要求。于是，父母总是只看见孩子还没有长大的那个部分，却忽略了孩子已经长大的那个部分。

别吝啬给孩子肯定，别忙着不停去纠正孩子的错误。万事万物自有其成长的规律，别急着收获小苗而忘记了让它在春夏秋冬顺时生长。

孩子学会了走路，摇摇晃晃地给你端来一杯水，是让他知道被关心的欣慰，还是直接说：“小心点，不要洒掉了！”“水杯不能那样端！”孩子是因为体谅父母辛劳才端来这杯水，水杯也端得越来越稳，你是否在旁边看得到，并告诉他你为他的进步感到喜悦？

孩子从幼儿园回来，说：“妈妈，我给你背首诗，床前明月关……”

妈妈赶快打断：“错了，是‘光’不是‘关’。”

孩子：“就是‘关’！老师就是这么教的，你听我给你背嘛！”

妈妈：“错了还不虚心，告诉你是‘光’！”

孩子“哇”地哭起来，不再继续背诵了！

点评

在生活中，父母是否只看到了她没有背会的那个“光”字，却忽略了其他已经背会的19个字？

在内心深处，父母是否看到了孩子想要把自己的成绩和父母分享的喜悦？

孩子期末考试的试卷是98分，兴高采烈地拿回家。爸爸一检查试卷，说：“这2分是怎么扣的？15加3怎么会等于16呢？简直错得可笑！”孩子闷闷不乐。

点评

你是先看到孩子经过努力已经获得的那个部分，还是只看到他没有记住的那个字、没有写对的那道题？

在内心深处，你是否看到了孩子那颗需要认同和鼓励的心？

如果孩子所获得的喜悦和成就感经常被轻视和否认，长大后的他也会轻视自己的努力，认为没有达到最后目标的收获，是不值得庆祝的。

可问题是，生命的欲望无穷尽。“苦海无边，回头是岸”，真正的含义不是说欲望本身是苦的。进取心是一个人在这个世界上必须具备的，所谓的苦是指过度的贪婪、不会享受当下的所获。“知足者常乐”，也不代表满足于现状、不思进取，而在于我们拥有欲望、努力进取的同时，能够接受任何一个收获中存在的喜悦。

如果父母不明白这个道理，就会把这种制造苦难的“贪婪种子”传递给孩子，使他永远看不到已经收获的东西。因此，拥有再多的财富、再丰富多彩的有形世界，他的心灵世界也是贫瘠和空虚的。

贪婪，并不是因为匮乏，而是因为缺乏发现的能力。

寻找海洋的鱼

蔚蓝的大海里，有一条快乐的鱼，它每天尽情地在海水中游动。疲惫时，它就栖息在水草的中间，自由快乐是它的生活原则。

有一天，它遇到了另一条鱼。那条鱼对它说：“我听说，在很远很远的地方，有一个叫大海的地方，有比我们这里更宽阔的水域，那里有许多好玩的东西。也许你的生活会有所改变的。”“真的吗？”它问那条鱼。“是的。你去找找吧。”

快乐的鱼开始寻找大海了，它游啊游啊，每天疲惫得要死，却并没有看到它要找的大海。

这一天，它终于累了。看到一条正在悠闲游动的鱼，它问那条悠闲的鱼："你知道大海在哪里吗？"那条悠闲的鱼一听就笑了，说："你现在就在大海里呀！"

人生有许多的遗憾，就是因为我们并不知道自己拥有了什么，什么又是自己真正需要的。不停地寻寻觅觅，反而把很多原本已经拥有的东西丢失了。

有人对我说："我相信这样下去，一定会找到快乐，一定会离幸福更近！"当他这样说的时候，另外一个意思就是"我现在还没有快乐，还没有和幸福在一起"，因为还要"找快乐"。

快乐和幸福其实一直在我们身边，不曾离开，不用去彼处寻找，只需要一颗欢喜和充实的心灵，我们就能看到它们。

父母看孩子的成长，是否也是一样？在看到终极目标的同时，能否在每个当下肯定孩子的所获？孩子在成长中需要无数个肯定，才能够获得相对足够的自信。千万要清楚地把目标和过程分开。努力一定要有方向，但是目标不一定就要在此刻实现！

练习

写下孩子身上十个值得肯定的优点。

第二节

给孩子成就梦想的勇气和信心

孩子的勇气和信心来源于外界对他每一次进步的肯定和鼓励，这会给孩子带来积极的心理暗示，让他有更大能量继续向前。

在关系中，能量的传递是双向的，也是相互影响的，所以，如果能够更多地发现孩子的好，对于父母自己来说，也是一个非常好的肯定。

让我们在这里回想一下你的孩子的十个优点，然后看看你的评价依据是否包括了以下内容：

（1）不仅仅是看得到的考分、家务，还有看不见的品德。

（2）除了看得到他失去的，还看得到他获得的。

（3）在已经成长的部分，给予阶段性鼓励。

（4）帮助他人的行为。

（5）鼓励他人的行为。

练习

（1）带孩子打预防针，第一次孩子哭闹了整个下午，直到医院下班也没有打成针。

回来后做了很多安慰和预防的工作，等到第二次再带孩子去打针时，孩子依然哭闹，不过最后还是打了针。

旁边的大夫奶奶说：“你呀，现在我们整个医院都认识你了。打个针不用怕成那样！现在你在我们医院都出名了！”

这时，你会对孩子说什么？

A. “看到没有，打针闹成这样，人家都笑话！”

B. “我们在这里都出名了！下次怎么办？”

C. “你这么害怕打针，大夫奶奶和其他的医生叔叔阿姨们也都心疼了。你一定也不好意思了！总之，我们上次没有打上针，这次5分钟就打完了，有非常大的进步。你觉得呢？”

（2）4岁的孩子自己洗袜子洗了10分钟，袜底还是黑的，你示意给她看，她说：“这个我怎么洗也洗不掉的！”

这个时候，你的做法是：

A. 把袜子拿过来，拿起肥皂洗起来，然后给孩子看：“怎么洗不掉？这不是洗掉了吗？你没有用劲洗！”

B. 对孩子说：“不错，已经洗得很好了，去玩吧！”

C. 对孩子说：“嗯，比前两天又有进步了，袜子头洗得更加干净了！”

（3）孩子和小朋友一起玩，把自己唯一的苹果让给了小朋友吃。你看到了，会怎么评价孩子的做法？

A. 怎么那么笨，把自己的苹果给了别人，自己吃什么？

B. 那么喜欢的东西都舍得跟别人分享，真不错。

C. 他给出了一个苹果，换回一个下午的快乐时光和一个朋友。

（4）孩子音色不全，喜欢唱歌，你会怎么办？

A. 既然唱歌没有条件，就应该把注意力放在强项的培养上，不要浪费时间。

B. 如果他喜欢就让他去玩，但不同意当作特长培养。不反对也不支持。

C. 如果这是他喜欢的东西，而且确信他清楚了解了学习过程中必须付出的努力，只要他做了决定就支持他，并会肯定他在过程中的努力。

参考答案

（1）：C。

要看到孩子每一次的进步。

太多的父母习惯于当孩子把事情完全做到自己理想中的样子，才会给予鼓励和肯定。实际上，当孩子已经在路上的时候，不管他的脚印是怎样的轻微，脚步是怎样的细小，父母都要给予适当的鼓励和肯定，让他们更有信心向前走。

（2）：C。

选择A是用成人的标准衡量孩子，这样的对比不平等。选择B是表扬，孩子看不到标准，没有进步的动力，以为真的做到这样就可以了。选择C是无论孩子洗得怎么样，都诚实地赞美和感叹。孩子就能够在看到成绩的同时，看到差距。

（3）：C。

赞美和感谢，不仅要让孩子发现眼睛看得到的收获，还要让孩子发现眼睛看不见的收获！

选项A和B都只看到了孩子的付出，只是对于这种付出拥有不同的价值观。选项B虽然肯定了孩子的付出，但在下一次，如果孩子想要对方的东西，而对方没有给，孩子可能会难过，没有看到无形的收获，就可能会在有形的物质上斤斤计较。

选项C在看到孩子失去苹果的同时，也看得到孩子美好的友谊和快乐的时光。

生活的经历，让我们要么得到，要么学到。父母看得到，孩子才有机会被允许看得到！

（4）：C。

选项A、B都有道理，然而选项C的做法包含了一种智慧。在生活中，父母不仅要看到孩子努力付出之后取得的成绩，更重要的是，要鼓励和培养孩子努力、不服输的勇气！

生活中，我们面对残障的孩子，似乎会更多地夸赞他有毅力，而不硬性要求他的成绩；对于一个健全的孩子，取得了许多成绩，周围的人都总觉得是理所当然的，或者是认为还不够，而孩子坚持和努力的内在品质往往被忽略了。

这是不应该的。不要因为孩子的残疾而轻视他。放低标准的认同不是一种带着尊重的慈悲，而是出于恐惧的可怜。“可怜”会弱化一个人的力量，只有真正的尊重才可以培养出不残疾的心灵。

第三节

分享孩子的喜悦

分享喜悦和成绩，也是一种能力。父母在陪伴孩子的同时，也在培养自身享受当下的能力。

有时，是父母自身的焦虑，让自己无法看到孩子和自己的成绩；

有时，是父母自己缺乏喜悦的能力，从而也不敢让孩子比自己高兴；

有时，既期望孩子成长，又害怕他们成长太快，害怕失控；

有时，不相信孩子有超越父母的可能，是因为自己不敢探索外部的世界；

有时，不敢感谢，也许是害怕失去权威，失去被需要和被认同的地位。

然而，当越是害怕失控，就会越容易失控；当越要求被认同，就越可能失去认同。因为我们从不曾控制住什么，就如同当下我们从不曾真正被否认过。

因此，尝试着：

允许孩子的喜悦，并且和他一起喜悦；

允许孩子的成长，并且支持他的成长；

允许孩子和父母有不同的长处，并且敢于让他尝试；

感谢孩子的成长和付出，这说明父母自身的优秀；

感谢孩子的快乐和进步，这让父母看到生命中不可预知的奇迹。

不能分享的快乐是痛苦的

一位犹太教的长老酷爱打高尔夫球。在一个安息日，他觉得手痒，很想去挥杆，但犹太教的教义规定，信徒在安息日必须休息，什么事都不能做。

这位长老终于忍不住，决定偷偷去高尔夫球场，想着打9个洞就好了。

由于安息日犹太教徒都不会出门，球场上一个人也没有，因此长老觉得不会有人知道他违反了规定。然而，当长老在打第2洞时，却被天使发现了。

天使生气地到上帝面前告状，说有位长老不守教义，居然在安息日出门打高尔夫球。上帝听了，就跟天使说，会好好惩罚这个长老。

第3个洞开始，长老打出超完美的成绩，几乎都是一杆进洞，长老莫名兴奋。到打第7个洞时，天使又跑去找上帝："上帝呀，你不是要惩罚他吗？为何还不见有惩罚？"上帝说："我已经在惩罚他了。"

打完第9个洞，长老还是一杆进洞。可能觉得太神了，长老于是决定再打9个洞。天使又去找上帝："到底惩罚在哪里？"上帝只是笑而不答。

打完第18个洞，成绩比任何一位世界级的高尔夫球手都优秀，把长老乐坏了。天使很不满，去向上帝置疑："上帝啊，他做了错事，为什么不惩罚他，还要给他更好的成绩和收获？"

上帝说："你想想，他有这么惊人的成绩以及兴奋的心情，却不能跟任何人说，这不是最好的惩罚吗？生活需要伴侣，快乐和痛苦都要有人分享。没有人分享的人生，无论面对的是快乐还是痛苦，都是一种惩罚。"

如果快乐没有人分享，得不到祝福，就会产生深深的痛苦。

快乐 + 不被接受 = 罪恶感

快乐 + 罪恶感 = 痛苦

快乐 + 分享 = 成就感

当孩子把内心的收获说给父母听的时候，父母会不会和他一起分享呢？父母是在分享他的快乐，还是在监督和评论他的表现？如果父母没有足够的分享和认同，那么孩子的收获越大，痛苦就越大。

本部分的重点技巧是推进式表述技巧，简而言之就是赞美、感谢和鼓励。父母需要在孩子做得好的时候（即在双方舒适区域的时候）给予孩子赞美和感谢；在他遇到困难的时候，给予鼓励。

完整的推进式表述技巧包括了三项内容：

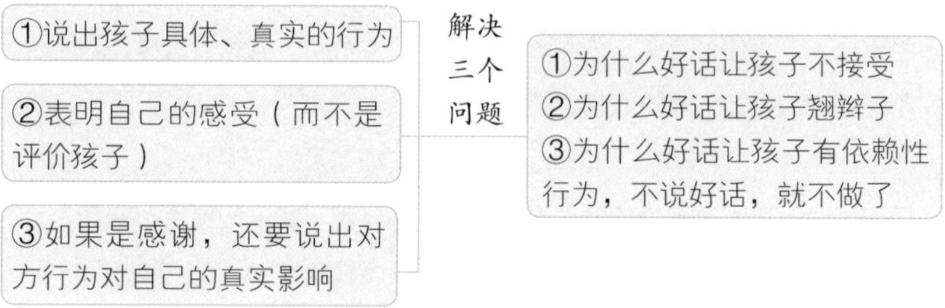

推进式表述技巧和表扬的区别是：

（1）父母平常对孩子表扬的好话，最典型的就是“真是个乖孩子”“好孩子”“真可爱”，或者“有进步、需要努力”。

推进式表述技巧中，避免使用“好”“坏”这种简单的、抽象的词语评价孩子，而是把孩子具体的行为以及父母的感受表达出来。

从使用效果上来说，推进式表述技巧给孩子的感受是父母与自己一起分享喜悦，而表扬则更多是在监督和评判孩子行为的好坏、对错。前者充满更多的尊重和平等，后者则带有“权威审判”的意味。

如果不想让孩子永远只生活在父母权威的影子中而长不大的话，就要在偶尔使用表扬的同时，多使用发自内心的赞美、感谢和鼓励！

（2）孩子做了某件事情就说他是“好孩子”，等于给孩子贴上“角色标签”。

从孩子个性成长的角度来说，如果孩子习惯了这样的评价，他就会依赖于外在标准，等到别人说好才会行动，在自己的内心里没有一杆秤。

（3）推进式表述技巧清晰地告诉了孩子，怎么做才是父母需要的、接受的，同时让孩子有成就感。

一、赞美是一种分享，而非评价

孩子需要父母一起来分享快乐，而不是被父母评价快乐。

孩子带病参加演出，表现镇定，演出十分成功。

不恰当表述

“今天做得很好！”

参考表述

“今天是你第一次在300人面前演出。因为有些发烧，你来的时候头还是晕晕的，这种情况换到谁，心里都会紧张。可是，妈妈看到你的舞台表现非常镇静。”（描述孩子的行为）

“你能够在那么紧张的环境中，在这种身体状况下，演出得如此流畅，并让这么多的人为你鼓掌。妈妈非常为你感动！”（描述妈妈的感受）

点评

一个人收到的最好礼物就是赞美。简单的一个“好”字，让孩子无法拥有真正被认同的感觉。孩子的心里总会有困惑：到底觉得我哪里好呢？

当把孩子具体的行为说出来，就能够让孩子知道为什么会收到这样的赞美，并且确信自己应该得到这份礼物。同时，妈妈赞美的不只是孩子的成绩，更是孩子面对困难时的自制力，让孩子对自己内在的品质有更坚定的认同。

孩子弹钢琴的时候，希望我们陪着她。

不恰当表述

“很好，弹得不错！有进步！”

参考表述

“你刚才弹的那首*Tears*，真的很动听！”（描述孩子的行为）

“让我心里很有感触，有种想要落泪的感觉！”（描述妈妈的感受）

点评

偶尔的点评没问题，但如果总是保持这种语气和孩子说话，父母的角色就会错位，因为这样的话语更多是教练和老师的话语。

年幼的孩子会拉着父母一起看书，看喜欢的动画片，还有他所喜欢的一切。父母作为孩子身边最亲密的人，需要和孩子分享真实的感受。孩子需要有人了解他的爱好、喜好，需要有人分享他感觉美妙的东西。

然而，如果孩子无数次的邀请总是得不到父母心贴心的交流，长大后，孩子和父母分享的意愿就会降低。

如果父母想增加和孩子的交流，就要多陪着孩子做他喜欢的事情，在行动上支持他，在言语上肯定他。

也许当听到孩子和我们分享的一段音乐，我们会想起轻柔飘动的丝绸、脉脉流过的泉水、曼妙通透的银色月光；或者，当我们忙得满头大汗的时候，孩子递过来一杯水，心里升起的温暖，让我们想起冬日里的炉火。这些感受都可以告诉孩子，让他清楚地知道，自己做的事情能够给父母带来无限温馨。

二、感谢是发自内心的情感交流，不是交换的激励

感谢，是发自内心的情感交流，不是一句停留在嘴边冷冰冰的套话，更不是交换的激励。如果说赞美是针对孩子个人成长的行为，那感谢就是针对孩子在共同生活区域有着良好影响的行为。

父母也许会想，为孩子做了那么多，让他回报一下算什么？实际上，父母的付出和收获是两回事，不能混为一谈。否则，孩子的进步会被看成是理所当然，而父母的付出就变成了一种交易，在理所当然地等待回报。

（1）简单的“谢谢”已经成了一种形式上的泛滥。

随便一个陌生人给我们让路，我们都会对他说声“谢谢”。因此，没有实质性内容的感谢，不会让对方感受到我们的诚意。

（2）当孩子做得好的时候，父母没有感谢，而是用奖励来代替。

虽然奖励比惩罚更容易促使孩子去行动，但不恰当的奖励和惩罚一样，会对孩了的行为调整造成阻力。父母太多时候滥用了奖励。

很多父母，在孩子考试考得不好的时候，给予惩罚；考试考得好的时候，给予适当的奖励。其实，长远来看这两种方法都会降低孩子的学习欲望！

另外，父母用给钱的方式奖励孩子做家务，也不是长远引导孩子的好方法。孩子做家务是孩子应该学会的基本生存技能，不能总是用奖励作为交换条件。时间长了，会让孩子过度依赖外界的奖励刺激，一旦没有奖励刺激，就没有了行动。随着年龄的增长，对于刺激的应激性强度增加，刺激的程度要不断提高，才会有相应的反应。这和处罚中的程度递增原理是相同的。

这样，孩子的成长结果不是父母所期望的越来越放心，而是越来越操心。父母无意中让孩子失去了内在的主动性。

事实上，当孩子考试考得好的时候，他已经收获了奖励——考分。最自然的奖励是最好的。

当孩子做的事情能够被父母认同，父母发自内心的感谢的影响远远大于物质奖励。我认为，很多时候父母给孩子的奖励根本就不应该是奖励，而应该是通过感谢和庆祝送给孩子的礼物。

通过下面的案例来感受一下这两者的效果。

父母加班，7岁的孩子周末自己在家，自己解决午饭。中间有问题时打电话向外公外婆咨询，最后自行解决了。

⑪ 不恰当表述

“今天表现得不错。长大了！”

“今天你把自己照顾得很好，奖励你晚上去吃大餐！”

孩子可能的感受：“爸爸妈妈认为我有事不找他们，自己解决就是好事。他们觉得不烦他们的孩子才是好孩子。为了不烦他们，下次有事也不给他们说了。”或者，“下次也要奖励我，没有奖励我不做了。”

我们不妨这样分析，在这个案例中，孩子的行为：父母加班的时候，孩子照顾了自己，有问题自己解决，没有打扰到父母的工作。

对父母的影响：工作没有受到影响，顺利进行。

父母的感受：高兴，感谢。

参考表述

“今天爸爸妈妈加班回来晚了，你自己烧水煮了饺子吃。中间有问题的时候，也没有打扰我们，而是打电话给外公外婆，向他们询问，让我们没有太多的担心，支持我们顺利完成了工作。”

“爸爸妈妈从心眼里感谢你，谢谢你体谅了爸爸和妈妈的工作需要，同时也为你遇到问题知道怎样寻找更多的帮助而感到高兴！”

“谢谢你今天这么体谅妈妈和爸爸，为了表示感谢，今天晚上我们决定请你去吃你爱吃的西餐！”

在这种谈话过程中，可以很好地培养孩子的成就感。

有些父母觉得，孩子长大了是理所当然的事情。实际并非如此，孩子要有一颗感恩的心，需要父母也有一颗感恩的心。当父母把孩子当成一份上天的礼物，就会收获无数的惊喜；如果把孩子当成一颗收获利益的种子，自然会嫌收获得慢、收获得少，甚至一切理所当然！

感谢孩子，能够给孩子带来真正的成就感。每个人天生就愿意协助他人，如果这份心和做的事能够被肯定和认同，他就会更加积极和努力地去做。

当父母表达感谢的时候，也在告诉孩子父母需要的是什么，他怎样做可以让父母满足。这样，孩子就会更明确怎样来配合父母。

和客户一起吃饭，孩子同往，吃饭期间，孩子没有哭闹。

不恰当表述

“今天你的表现特别好！”

孩子可能的感受：“我的表现特别好？其实我今天特别没意思，可是老爸却说好。老爸没有考虑到我的感受！”

让我们看看，在这个案例中，孩子的行为：在父母和客人谈话期间没有哭闹。

对父母的影响：谈话顺利。

父母的感受：高兴，感谢。

参考表述

“你今天在我和客人交谈的2小时里，照顾好了自己，没有打断我们的谈话，所以我们的谈话进行得很顺利，谢谢你的配合！”

孩子的反应：“爸爸是在说，当他和别人进行谈话的时候，我要保持安静！”

点评

（1）推进式表述技巧还代表着一种信息的传递。

笼统的肯定让孩子处在一个猜测的地位，并不便于信息的有效传递。说出具体的事件或者孩子的行为，孩子就会更加清楚父母的意图，知道他怎样做是父母接受的、喜欢的，于是出于对父母的爱的感恩，孩子就会主动地为父母付出。

不用非等到孩子做错的时候再告诉他，当他做对的时候就直接告诉他，“这就是我要的”，孩子也会很有成就感，下一次还愿意这样做。

（2）一个简单的“好”，往往需要包括双方都好，可是父母总是按照单方的感受来评价好坏，自然让孩子不知道怎么把自己的问题说出来了。

当父母用的不是“好”，而是自我感受的表述，孩子就有机会把自己的感受和父母的分开，不会觉得父母是拿他们的好心情在压制自己。

三、客观鼓励是承认问题的同时，给予实质性支持的力量

客观鼓励，不是空洞地盲目赞赏，而是在承认问题的同时，给予实质性支持的力量。

孩子在毕业晚会开始之前一周，突然不想上台表演了，说她害怕。

⑪ 不恰当表述

“你做事从来都是那么坚强，这次也一定可以！”

孩子可能的感受：“我也有软弱的时候。我没有那么坚强，

昨天还偷偷哭鼻子呢！”

参考表述

“我记得有一次，你参加了一次竞赛，由于考试前半个月得急性肠胃炎不能够上课，在医院里还坚持着复习功课，你说只要没有到最后关口，就还要努力！”

“那这一次发生了什么让你想放弃呢？”

孩子的反应：“嗯，也许这次是因为太久没有练习了，我才不敢上台！你可不可以做我的观众，让我在你面前多练几遍，找找感觉？”

点评

（1）在孩子感到困难时，适当肯定孩子的某种行为，而不是肯定某种性格。因为性格在不同的情况下会有不同的表现，即便是坚强的孩子，在遇到不同程度的困难时，表现可能也会不同。

（2）客观地肯定孩子已经有的部分成绩，才会让孩子在承认失败的同时，看到成功的可能，并且清晰地看到二者之间的差别，更客观地进行自我总结，为下一次努力做准备。

练习

用推进式表述，从一些简单的感受开始练习对孩子的感谢、赞美或鼓励，比如：

“今天，你不但帮助我洗碗筷、收拾桌子，还帮助我把客厅都收拾了一遍。看着干净的家，我真开心。我也可以早点坐下来喝茶啦！谢谢你的帮忙！”

“你每天上学的时候，都把垃圾袋顺便带出去，帮我节省了时间，谢谢你！”

“你每天回家，都会主动来告诉我你回来了，让我放心、踏实。谢谢你！”

“你的书桌总是那么干净，我很欣赏！”

“昨天下班回来，看到你在陪着奶奶说话，我心里非常高兴！”

“你把从我这里拿走的剪刀，用完了就还给了我，这让我放心。”

07

第七堂课

The Seventh Class

两大法则戒掉爱中的伤害

我的每一丝痛楚都被触摸，
我的每一个愿望都被祝福，
我被温柔地接受和呵护。
我始终安然如一，
我始终美好如一，
我始终圆满如一，
当下，我和你的爱全然地在一起。

第一节

引导法则

生活中，父母总希望孩子按照父母的期望发展，一旦孩子的想法和父母不同，父母就非常紧张。

我相信父母这样做的目的是希望孩子避免走不必要的弯路。然而，当父母看不到事件发展的可能，孩子或许难以创造真正的奇迹。

一、在自然本性中看到不可能里的可能

天赋亦需挖掘——牛顿的故事

少年时的牛顿并不是神童，他资质平常，母亲原希望他成为一个农民，但牛顿却无意于此，而酷爱读书。后来迫于生活，母亲让牛顿停学在家务农，养活家庭。

但是他经常忘了干活，躲在树丛里看书。直到有一次被舅舅发现，舅舅劝服母亲让牛顿复学，并鼓励牛顿上大学读书。

这才有了后来的牛顿和“万有引力定律”“微积分”“经典力

学”的问世。

如果不是舅舅发现牛顿执着读书的本性，也许他就会被周围的人解说成“懒”“不务实”，很难说牛顿是否有机会去发展他那不一般的天赋。

因为被看到天赋、被认同并且受鼓励读书和学习，他才可能从人群中脱颖而出。

遵循孩子的天性——刘翔的故事

世界体育明星刘翔，从小就是个好动的孩子，一直想要成为卡通人物阿童木似的英雄。学校的老师觉得他难以管理，于是找到了刘爸爸。

刘爸爸因势利导把刘翔送进了训练队，结果刘翔的跨栏生涯就此开始。

如果没有一个能够发现孩子的特质，并且陪伴他做各种尝试的爸爸，今天我们看到的也许不是一个优秀的运动员，而是一个被不断打压、自暴自弃的调皮男生！

千里马也需伯乐——华罗庚的故事

数学家华罗庚读中学的时候，学校的老师感叹学校“差生”多，没有“人才”。著名教育家、翻译家王维克发现华罗庚虽贪玩，但思维敏捷，做数学习题往往改了又改，解题方法十分独特。

当王维克对学校其他老师说华罗庚是一个人才的时候，一位老师笑道：“华罗庚？你看看他那两个像蟹爬的字吧，他能算个‘人才’吗？”

王维克有些激动地回应说：“当然，他成为大书法家的希望很小，可他在数学上的才能，你怎么能从他的字上看出来呢？要知道金子被埋在沙里的时候，粗看起来和沙子并没有什么两样，我们教书匠的一双眼睛，最需要有沙里淘金的本领，否则就会埋没人才！”

一切皆有可能——马云的故事

马云，前阿里巴巴集团主席和首席执行官，他是首位登上《福布斯》杂志封面的中国大陆企业家，曾获选为未来全球领袖。

在他还没有获得这些头衔之前，他的公司被看作是“皮包公司”，他执着的创业还被人当作是“骗局”。

如果在那个时候，你是他的父母，如何看他？想法不切实际？言语张扬，过于表现自我？

我们看到的所谓“不可能”，难道真的就是“不可能”？而真实的马云让我们看到了许多“不可能”中的可能。

几年前我接触了一位考上北京大学的高考状元，在她高考前压力非常大的时候，妈妈的一句话给了她非常大的鼓励。妈妈说：“如果你考上，是你的福气；如果你考不上，也是你的福气，因为你的人生会有更多未知的精彩。”

这是怎样的一种坦然，让生命自然流淌，在任何一种发展中都能看到收获和可能。

世界上只有两种动物能到达金字塔顶。一种是老鹰，还有一种是蜗牛。老鹰和蜗牛，以往我从来没有把它们联系在一起。它们是如此的不同：鹰矫健、敏捷、锐利，蜗牛弱小、迟钝、笨拙；鹰残忍、凶狠，杀害同类从不迟疑，蜗牛善良、厚道，从不伤害其他生命；鹰有一对能飞翔的翅膀，蜗牛背着一个厚重的壳。

与鹰不同，蜗牛到达金字塔顶，是靠它永不停息的执着精神和保护住它的壳。

蜗牛的壳和鹰的翅膀，都发挥着作用。可惜，生活中，大多数人只羡慕鹰的翅膀，很少有人在意蜗牛的壳。

父母如果并不了解孩子，很可能会将孩子的天才细胞扼杀。有时，父母拘泥于自身经验，并不认可孩子以另外的方式存在，捕捉不到幸福以另一种方式悄悄来临的信号。

一根小小的柱子，一截细细的链子，拴得住一头千斤重的大象，这不荒谬吗？可这种场景在印度和泰国随处可见。

在大象还是幼象的时候，驯象人就用一条铁链将它绑在水泥柱或钢柱上，无论幼象怎么挣扎都无法挣脱。幼象渐渐地习惯了不挣扎，直到长成了大象，即使可以轻而易举地挣脱链子，也不再挣扎。

驯虎人本来也像驯象人一样成功，他让幼虎从小吃素，直到幼虎长大。老虎不知肉味 ，自然不会伤人。驯虎人的致命错误在于，他摔跤之后，让老虎舔净他流在地上的血。老虎一舔就不可收拾，最终将驯虎人吃了。

幼象是被链子绑住，而大象则是被习惯绑住。幼虎曾经被习惯驯服，而驯虎人则死于习惯（他已经习惯于驯养的老虎不吃人）。

习惯几乎可以绑住一切，只是不能绑住天性，比如尝了鲜血而行为大变的老虎。同样，父母训练孩子的习惯，如果不是根据孩子的天性顺势而为，导致的结果不是用爱折断了孩子思想的翅膀，就是让孩子在受伤之后也反弹性地伤害了父母自己。

一个孩子的成长，父母的引导是关键。父母能看到多少孩子发展的可能，孩子就有多少的奇迹呈现给父母。

要想有天才孩子，父母首先要自我学习。当父母看待世界的眼光更具有兼容性，就会看到更多的可能，孩子才会有更多的可能。

二、肯定孩子的任何可能，因势利导

要想顺着孩子的天性培养，就要看到孩子成长的喜悦，以及他内在被认同和被关注的需要。从各个角度去肯定孩子的成长，同时陪伴孩子解决他的问题。父母需要注意的是：

（1）明白并接受孩子的情绪与感受无对错之分。（情绪感受）

（2）在调整孩子行为的时候，理解孩子不恰当行为的背后没有错的动机。

（3）对于孩子提出的任何想法和方法，都能说“这也是一个解决的方法”“这的确是一个对于你来说比较好的方法”，并肯定其存在价值。（目标与想法）

（4）允许孩子以自己的方式解决问题，允许孩子和父母之间差异的存在。（解决方法）

（5）给予孩子阶段性的鼓励，肯定他已获得的阶段性收获。（阶段性成长）

（6）尽量看到事物发展中良性的一面，促成事物向良性面的

转化。（新的解决方法）

孩子："我想看完电视再写作业！"

妈妈："赶快写作业去，要不然作业写不完！"

孩子："不，我就要看电视！"

参考表述

孩子："我想看完电视再写作业！"

妈妈："完全同意！上了一天的学，很紧张，回到家当然想放松一下（肯定他的状态）。同时，妈妈还有个想法，如果你可以在1小时左右完成作业，我也可以把我手头的家务事做完，然后我们两个一起看，怎么样？"

孩子："噢，太好了！我先写作业去了！"

点评

当父母没有理解孩子的想法，而直接调整行为的时候，孩子往往会觉得这是对他的完全否定。案例中，孩子可能认为父母就是不让他看电视！这样就把问题变成了另外一个问题——"你就是不想让我看电视"或者"你就是不想满足我的想法"，彼此的想法就对立了。

对孩子的任何想法不要直接否定，而要部分认同，然后再对另一部分进行调整，这样问题就容易解决了。

孩子经常开着水龙头在水池里玩玩具。

妈妈："别玩水了，浪费！"

孩子："妈妈为什么不让我做喜欢做的事！"

▶ 参考表述

妈妈："哦，你非常喜欢玩水！这真的是很有意思！（肯定孩子的兴趣爱好）不过我认为这样玩容易浪费水，还不是最有意思的玩法。我这里有几个方法，你愿意尝试吗？"

孩子："嗯！"

妈妈："我们可以一起来摆家家，你愿意吗？"

孩子："太好了！"

妈妈："我们一起拿一盆水来，像个大人一样洗袜子好吗？"

孩子："太好了！我要和妈妈一起！"

妈妈："下一次我还可以在洗碗的时候叫上你，你也可以参与进来，你觉得呢？"

孩子："好呀！"

点评

想要纠正孩子的不良行为，就要先找到他的没有错的动机，再用合适的方式替代不恰当的行为。否则，没有新的替代方式解决内在的需求，光告诉孩子"不许玩水"，就算表面上他顺从了我们的意思，可趁我们不注意的时候，他还是会去做这样的事情。而且，越是有主见、有勇气的孩子越是如此！

类似地，我们还可以顺势引导孩子洗自己的小衣服等。

我曾经教女儿玩水气球。在小区的花园里，在水龙头下把水接到气球中，气球自然就被水胀大了，然后拿着水气球去浇花。这样既玩了水，又有效利用了水，孩子也得到了锻炼。

小区的小朋友看到了都大叫："啊，气球还可以这样玩的啊！谁告诉你的？"

女儿头昂得高高地回答："我妈妈！"

于是又有小朋友加入了这个行列，跟在女儿的后面跑来跑去。

那天他们一起玩得非常开心！

这样的一些小方法，既满足了孩子玩的乐趣，又有助于孩子自理能力的提高，还可以让孩子运动和得到锻炼。

这样看起来孩子和父母不同的需要并不总是完全对立的。

女儿对爸爸妈妈说："我要做你们的领导！"

爸爸："小不点儿也想管人！"

女儿："爸爸妈妈总是看不起我！我在他们眼中总是不行的。"

参考表述

爸爸："你想做爸爸妈妈的领导？好事啊！有这个想法是好事！（肯定对方的想法）那你知不知道怎样可以成为爸爸妈妈的领导？"

女儿："不知道！"

爸爸："要做领导，需要先学会帮助他人。如果你愿意，可以让你在周末尝试着做一天领导，不过在那一天，你需要替我们安排食物、收拾房间，因为这是作为一个领导最起码要会做的。

当然，如果你需要，我和妈妈可以在旁边配合你，比如说做饭，我可以告诉你怎么做，然后你要自己来！怎么样？”

女儿：“太好了，我愿意试试！”

点评

培养孩子的兴趣，不否认他的任何想法和愿望，因势利导。

领导，不光有管理他人的权力，还有为他人服务的义务。如果仅仅看到孩子有想要管理他人的想法，就给予打压，不如让孩子学会负责和主动体谅。孩子感觉被理解的同时，又有机会成长。

同样是孩子爱上网，有的父母坚决不允许，有的父母可以引导孩子成为小小编程高手。父母的引导方向不同，孩子的发展方向也不同。父母能够发现的正面引导的可能性越多，孩子的成长就越具有无限的可能。

孩子为了英语考试，挑灯夜读。

爸爸：“不要学了，不要那么辛苦！差不多就行了！”

孩子：“爸爸，你不要打扰我了！”

爸爸：“这个孩子怎么这么犟呢，不知好歹！”

孩子：“哎呀，爸爸，你快出去吧！别影响我！”

参考表述

爸爸：“看起来你非常重视这次英语考试！”

孩子：“是的！我定的目标是要超过我同桌！”

爸爸：“看到你为了自己的目标这么努力，爸爸支持你！

（肯定她的目标和付出的努力）同时你需要适当考虑连续熬夜，会不会影响到过两天要考试的身体啊！”

孩子：“知道了，爸爸，谢谢你的提醒！我把这一点看完，差不多再过半个小时就睡了。”

爸爸：“如果你有什么需要，告诉爸爸！”

孩子：“好的，谢谢爸爸！”

点评

父母希望孩子有美好的将来，可当孩子努力的时候，又会说：“不要那么辛苦，差不多就行了！”这就是很多父母的矛盾心理。

有的父母看到其他孩子上兴趣班，非常辛苦，于是即便自己的孩子想要上特长班，也会因为担心孩子太累，而不给他报名。

事实上，一个人辛不辛苦，不在于他做了多少事情，而在于做事情的时候是不是心甘情愿。不要过于担心孩子的辛苦，只要孩子愿意，每一滴辛勤的汗水都会浇灌着希望的向日葵。

你不能施舍给我翅膀

有一种蛾子叫“帝王蛾”。

以“帝王”来命名一只蛾子，你也许会说，这未免太夸张了吧？不错，如若仅仅以其长达几十厘米的双翼就赢得了这样的名号，的确是有夸张之嫌。

但是，当你知道了它是怎样冲破命运的苛刻设定，艰难地走出恒久的死寂，从而拥有飞翔的快乐时，你就一定会觉得那一顶“帝王”的冠冕名副其实。

帝王蛾的幼虫时期是在一个出口极其狭小的茧中度过的。当它的生命要发生质的飞跃时，这天定的狭小出口无疑成了鬼门关。那娇嫩的身躯必须拼尽全力才可以破茧而出。太多的幼虫在破茧的时候力竭身亡，不幸成了“飞翔”的悲壮祭品。

有人怀了恻隐之心，企图将幼虫的生命通道弄得宽阔一些。他拿来剪刀，把茧的洞口剪大。这样一来，茧中的幼虫不必费多大的力气，轻易就从茧里钻了出来。但是，所有得到了救助的蛾子都不是真正的“帝王蛾”——它们无论如何也飞不起来，只能拖着丧失了飞翔功能的双翅在地上笨拙地爬行!

原来，那“鬼门关”般的狭小茧洞，恰是帮助帝王蛾幼虫两翼成长的关键所在。穿越的时候，通过用力挤压，血液才能顺利地被送到蛾翼的组织中去。

唯有两翼充血，帝王蛾才能振翅飞翔；人为地将茧洞剪大，蛾子的翼翅就失去充血的机会，钻出来的帝王蛾便永远与飞翔绝缘。

没有谁能够施舍给帝王蛾一双奋飞的翅膀。

有时，父母的好心反而扼杀了孩子的努力和他应有的成绩。

爱和协助中，不需要怜悯和同情，更需要的是信任、尊重和顺其本意，这才是真正支持的力量。

如果孩子找到了自己的方向，父母就要全力支持他。不论付出怎样的努力，只要让他在努力中有成就感和自豪感就好了。

一个人最大的骄傲，就是敢于面对自己的弱点，并在整理和总结的过程中，不断改进和成长；一个人最大的成就，就是在自己不成功的时候，敢于直面现状，努力朝目标迈进。

让孩子顺着天性成长，帮助孩子看到成长中的任何一种存在的价值和发展的可能。每个生命都有自己内在无限的智慧。

培养孩子，不是控制他的发展，这其中包括不替孩子决定他应该怎么样，不替孩子决定他不应该怎么样。在孩子成长的过程中，更多地鼓励孩子去发现自己的个性，成为更好的自己。

第二节

保护法则

如果孩子的行为让父母和孩子同时不舒服，父母该怎么办呢？

很多父母首先看到的是自己的不满意，立刻要求孩子来满足他们。这样，父母和孩子的关系就搞颠倒了。

父母是成人，成人需要学习延迟满足，在延迟自身满足的同时，保护幼小的孩子。

一、保护孩子的感受和选择

4岁的女孩，第一次见到舅舅，舅舅要来亲亲，孩子躲开了。

周围的人："你怎么这么小气？亲都不让亲一下？"

孩子紧张，放声大哭！

妈妈："亲一下，不要紧的！舅舅喜欢你！"

孩子强烈地移动身体，大家继续说："哎呀，这个孩子怎么这么大的脾气！"

孩子越哭越烈……

点评

父母从来不会要求一个20岁的姑娘随便接受亲吻，但是却会随意要求几岁的小女孩接受。

成人，总在对孩子说："我喜欢你，你就该接受！"

实际上这是一种极大的错误。那些幼年时曾受过性侵犯的孩子，很多都是在这样的教育模式下长大，以致没有自我防卫和拒绝的能力。侵犯的人往往都是对孩子比较重要的或者影响力较大的人，比如长辈、老师、青少年时期的异性朋友。

孩子的力量相比成人是单薄的，她需要父母和她在一起，说出她的心里话并保护她。妈妈可以替孩子对舅舅说："我收到了你的喜欢，但是我现在还不太熟悉、不喜欢这样的亲近方式，希望你可以给我时间，让我熟悉后再决定愿不愿意和你更加亲近，或者用什么样的方式和你更加亲近。"

在这之后，妈妈还要记得单独和孩子沟通，运用引导式聆听来让孩子了解舅舅的好意，同时支持孩子采用自己愿意的表达方式，对舅舅的爱进行回应。

接受你的爱，不代表接受你要求的所有形式和行为。接受舅舅的爱，但是可以不用亲吻的方式，而是以其他自己能够接受的方式表示对他的尊敬和爱戴。

一位30岁的女士问我："我不喜欢那个男人，但是他总是请我出去吃饭，怎么办？"

我问："如果你不去，他会怎样？"

女士：“他会说：‘我这样看重你，你怎么这样对我？’”

我问：“听到这句话，你的心理感受如何？”

女士：“我的心里很内疚，好像不去就对不起他。”

点评

比较前面的事例，可以看到，尽管两个事情中的表象不同：主角年龄不同，一个4岁，一个30岁；关系角色不同，一个是舅舅，一个是追求者；事件方式不同，一个是亲吻，一个是约会。

但是中间的模式，是不是类似的呢？

4岁的小女孩，听到的是“别人喜欢你，你还拒绝，真是不知好歹”；30岁的女士，听到的同样也是“我对你这么喜欢，你有什么理由拒绝我呢”。如果被喜欢就一定要接受对方所有的行为的话，那这就是一种胁迫，而非真正的爱。

孩子不是玩具，他也有自己的感觉，需要得到尊重。甚至，他的感觉会更直白和灵敏——对于社会上的残障人群，很多成年人看了已经没有感觉了；可几个月的孩子看到母亲流泪，都会用目光去关注和抚慰自己的母亲。

当孩子逐渐长大，需要尊重他的各种自我感受，这会帮助他根据自我感受辨别外界的各种好意和危险。

二、保守孩子的秘密

父母没有权利在没有得到允许的情况下公开孩子的内在世界。

父母可以做的，是邀请孩子来自我面对。

薇薇拿回家的试卷上的分数是99分。父母经过检查，发现老师批改有错，实际上只有92分。爸爸建议，是不是需要告诉老师改过来呢？协商之下，孩子拒绝。

妈妈和爸爸单独进行了意见交流，认为在这种情况下，与其说孩子不诚实、虚荣，莫不如看到她那颗希望被人认同的心，因势利导。

于是爸爸重新对孩子说：“如果你真的决定这样，爸爸妈妈相信你有自己的想法，有自己的原因。我们的希望是，在后面的时间里，更加重视这次考试中出错的经验，让99分变成真的分数，你觉得怎样？”

孩子：“好！完全同意！”（开始整理试卷）

点评

虚荣心同样有正向的引导力，关键在于如何看待它，如何让虚荣心变成真实的进取心。

低年级的孩子大部分还没有学会互相协作，因此同学之间会经常有意或无意地相互嘲笑或贬低，如果孩子本身比较敏感，对这样的事情就会觉得有压力。

而对于老师来说，他们的职责重点在于孩子的智力教育，一个老师面对几十个孩子，没有办法及时关注到每个孩子的内心，因此不可能在每个事件中都给予孩子足够的理解。

这时，如果让孩子的问题暴露，会伤害孩子刚刚发展的自尊心和羞耻心。

生活中有类似的事情发生时，请允许孩子保留自己的边界，保护自己的内在。

这样做的重点在于，借助这个机会和外在力量帮助孩子的内在真正成长。

三、允许孩子对伤痛的隐藏

随着年龄的增长，孩子的自尊心也在蓬勃发展。在不得不面对挫折的时候，孩子的自尊心可能会不允许他向别人说出自己的不足与失落，这时候，父母应该怎么做呢？

女儿读初二时，妈妈参加学校的家长会。得知在本学期开始，因为一次英语课堂冲突，女儿的英语课代表职务被免了，而孩子本学期英语考试成绩竟然不及格。

妈妈惊愕。学期快结束了，孩子从来没有给家里说过这件事情。

妈妈回家后，非常担心地对孩子说："你发生了这么大的事情，怎么还笑得出来？"

女儿："那你要我怎么样？不笑还哭吗？"

妈妈的困惑：这么大的事情，不把情绪释放出来，孩子会不会伤到自己？

参考表述

“出了这么大的事情，我们也没有及时发现，很抱歉。”

“在这个过程中，你这么勇敢地独自面对，妈妈为你的勇气感动。”

“妈妈希望有机会和你一起面对问题，如果你信任我，请和我分享！”

不要给对方制造更多的问题。不是因为我们关心她，就有权利干涉她。

点评

允许孩子保留她自己的问题。她当时没有力量面对的时候，适当的转移也是一种好的方法。

父母应该首先检点自己，孩子出了这么大的事情，为什么不愿意和父母说？父母为什么这么长时间都没有发现？父母及时关注到孩子的状况了吗？

也许，接受孩子保守她的秘密，肯定她在这个过程中的独自努力，是当下最好的态度。接纳现在，父母在以后才会更有力量支持孩子。

《伊索寓言》里也有这么一个小故事。

一只小猴子在树上玩耍，不小心掉到地上，腿上划出了一道很深的伤口。

妈妈出于关心，过来翻一翻；爸爸出于关心，也过来翻一翻。妈妈又告诉爷爷、奶奶、老师、同学、七大姑八大姨。结果爷爷出于关心，过来翻一翻。然后是奶奶、老师、同学……

每个人都出于关心，翻看了一遍。

结果，小猴子的伤口不断被翻起，却没有得到医治，因而失血过度，死亡了。

在小猴子的妈妈不知道怎么包扎伤口的时候，也许，最好的做法就是保留伤口的秘密，不让任何人来乱碰。然后自己立刻去寻找医生，请医生来帮助包扎。同时，妈妈也应该借助这个机会来成长，学习简单的包扎技术。

这才是爱之道。

总述
Overview

从技巧内容和引导方向来总结一下本书的主要内容：

一、技巧内容

1. 协助孩子解决自己的问题的时候，使用“技巧三部曲”

（1）陪伴式聆听。通过孩子的语言信息，帮助孩子舒缓情绪，找到问题根源。

（2）主动式聆听。建立和确认孩子的谈话意愿以及解决问题的意愿。

（3）引导式聆听。协助孩子解决问题，并且落实在自己切实可行的具体计划上。

这三种技巧的顺序可交替，目的是培养孩子对于自己当下能力的认知以及为自己行为负责的态度。如果你有注意到，这几个章节中的所有谈话技巧几乎都是在说“你”。例如：

“原来这个事情带给你这样的感受！”

“这个事情这样发展，你感觉很不舒服！”

“如果你愿意，可以多讲点吗？”

“你觉得怎么样才能更好呢？”

协助部分的重点在于寻找孩子的心理困惑，帮助他思考自己的问题，尽可能地了解孩子的经验和当下的处事能力。

帮助对方的时候，首先完全地专注于对方，才可能根据他的实际情况寻找到可行的方法。

注意，不要带着情绪和主观判断去给孩子下定义，解读的时候切勿朝自己需要的方向引导。否则，孩子容易有被控制的感觉，即便当时听从了父母的意见，可当以后缓过神来，对父母会更加生气，从而影响关系的信任度和下次的谈话。

2. 看到生活中的和谐部分

（1）看到孩子的阶段性成长。

（2）推进式表述技巧。让孩子清晰了解自己的成长脚步，得到更多的自信和成就感。

父母需要注意区分对孩子的评价和自我感受。

二、在引导孩子的方向上，要注意的重点

（1）爱和安全感是成就自我、得到人生幸福的最大力量来源；

（2）有关心也要有尊重——尊重孩子的边界，也就是尊重自己的边界；

（3）要尊重也不能缺关注——物质世界的满足，不代表精神世界的满足；

（4）解决问题之前，要先找到问题根源——表面问题和根源问题往往相差非常大；

（5）协助但不替代——帮助孩子“得到”，更要给他“希望”；

（6）分享孩子的快乐，而不是随时地监督和点评；

（7）同时看到问题和和谐——面对问题的前提，是看到和谐环境的背景；

（8）因势利导、按照孩子的天性进行培养；

（9）所有的技巧都是为安全感服务。

《圣经》与竹篮

Bible and bamboo basket

一位老人和他的小孙子住在肯塔基西部的农场。每天早上，老人都坐在厨房的桌边读《圣经》。

一天，孙子问道："爷爷，我试着像你一样读《圣经》，但是我不懂得里面的意思。好不容易理解了一点儿，可是一合上书便立刻忘记了。这样读《圣经》能有什么收获呢？"

老人安静地将一些煤投入火炉，然后说道："用这个装煤的篮子去河里打一篮子水回来。"

孩子照做了，可是篮子里的水在他回来之前就已经漏完了。孩子一脸不解地望着爷爷。

老人看看他手里的空篮子，微笑着说："你应该跑快一点儿。"说完让孩子再试一次。这一次，孩子加快了速度。但是篮子里的水依然在他回来之前就漏光了。

他对爷爷说道："用篮子打水是不可能的。"说完，他去房间里拿了一个水桶。

老人说："我不是需要一桶水，而是需要一篮子水。你能行的，你只是没有尽全力。"接着，他来到屋外，看着孩子再试一次。

现在，孩子已经知道用篮子盛水是行不通的。尽管他跑得飞快，但是，当他跑到老人面前的时候，篮子里的水还是漏光了。

孩子喘着气说："爷爷，你看，这根本没用。"

"你真的认为这一点儿用处都没有吗？"老人笑着说，"你看看这篮子。"

孩子看了看篮子，发现它与先前相比的确有了变化。篮子十分干净，已经没有煤灰沾在竹条上面了。

"孩子，你读《圣经》和这一样，你可能什么也没记住，但是，在你读《圣经》的时候，它依然在影响着你，净化着你的心灵。"